하루 20분 놀이의 힘

爸爸，再不陪我，我就长大了

每天20分钟，给忙爸爸的80个亲子游戏

〔韩〕李相和 林熙淑·著
王 佳·译

中国妇女出版社

图书在版编目（CIP）数据

爸爸，再不陪我，我就长大了：每天20分钟，给忙爸爸的80个亲子游戏 /（韩）李相和，（韩）林熙淑著；王佳译.—北京：中国妇女出版社，2014.7
ISBN 978-7-5127-0889-1

Ⅰ.①爸… Ⅱ.①李… ②林… ③王… Ⅲ.①游戏课—学前教育—教学参考资料 Ⅳ.①G613.7

中国版本图书馆CIP数据核字（2014）第111257号

著作权合同登记号 图字：01-2014-3277

爸爸，再不陪我，我就长大了——每天20分钟，给忙爸爸的80个亲子游戏

作　　者：〔韩〕李相和，〔韩〕林熙淑　著
译　　者：王　佳
责任编辑：王　琳
封面设计：猫座设计工作室
版式设计：许　可
责任印制：王卫东
出版发行：中国妇女出版社
社　　址：北京东城区史家胡同甲24号　　邮政编码：100010
电　　话：（010）65133160（发行部）　65133161（邮购）
网　　址：www.womenbooks.com.cn
经　　销：各地新华书店
印　　刷：北京铭传印刷有限公司
开　　本：165×235　1/16
印　　张：17.5
字　　数：180千字
版　　次：2014年7月第1版
印　　次：2014年7月第1次
书　　号：ISBN 978-7-5127-0889-1
定　　价：38.00元

序言

将宰赫培养得后天智力比先天更高一筹的秘诀

“您是怎样把宰赫培养成英才的呢？”

“让孩子做自己想做的事，过想过的生活”——我就是以这个目的开始育儿的。没想到大儿子宰赫被证实是个英才，在英才教育院接受教育，二儿子时熏的智力也比其他同龄孩子发育快。很多父母知道后都来问我怎么做到的。我每次都是这样回答：

“其实没有什么特殊方法，如果孩子想玩的话，就多陪他一起玩；如果孩子想读书的话，就给他书读；如果有想去的地方，就带他去。”

虽然这是发自肺腑的真心话，可谁会想到我的秘诀是这种大家都知道的答案呢？所以，我总是受到指责。我一直守护宰赫和时熏的成长，读了200多本子女教育类书籍，学习了保育学和儿童学，还以700多名父母为对象进行演讲和面谈，最后，我更加确定“坚持每天与孩子玩20分钟游戏是非常重要的”。如果说我与其他父母有什么不同，那就是我更在意怎样和孩子玩才能取得好效果。我比其他父母更努力地和孩子玩。

我们夫妻俩真正开始关注游戏教育是在宰赫20个月的时候。当时，宰赫开始对认字感兴趣。看着渐渐喜欢读书的孩子，我们心中产生了很多忧虑——“这样下去我们的孩子会不会得自闭症啊”“现在就开始上课外辅导班的话，以后得花多少钱啊”，等等。最后，我们在游戏中找到了答案。

最能帮助孩子保持身体健康、增强好奇心、丰富想象力、与朋友相处融洽的人是父母，而使孩子身体健康、增强好奇心、丰富想象力、与朋友相处融洽的最好工具是游戏。忽视游戏的价值和效果，为孩子选择学习和课后辅导班的父母可能会把孩子培养成学习机器。父母应该知道，孩子在妈妈腹中的时候就应该陪他们玩，直至进入青春期前要坚持和他们玩，才是最好的教育法。宰赫的先天智商是130，依靠环境和教育培养的后天智商是156，后天智商明显比先天智商更高一筹。他被大家认可为0.01%的英才，这足以证明游戏教育带来的效果。现在，我要通过这本书向大家详细介绍，根据孩子的发育阶段不同进行分类的各种游戏。

不要错过0～13岁这段大脑发育期。胎儿从第20周开始就可以在腹中区分声音，听觉开始发育。听觉发育是语言习得能力的必备要素之一。宰赫和时熏从胎儿到1岁期间，刺激听觉的游戏在所有游戏中占的比重最大。英国早期教育中常用歌曲刺激孩子的听觉，听觉刺激对孩子学习外语的影响最大，我们教育孩子的结果已经证明了它的效果。

1～2岁这个阶段，应该通过简单的生活游戏，来引导孩子与父母建立积极良好的关系，这样才能刺激孩子的成长。这里说的“积极良好的关系”是指除心理安全感外，还要促进神经递质分泌，从而刺激大脑发育。另外，这个阶段，孩子的最大特征是开始学说话，应该通过游戏引导孩子正确地与父母和社会沟通。

3～4岁这个阶段，应该通过各种各样的体验游戏，使孩子的五感和身体得到均衡发育。因为孩子的体能、社会性、认知能力、语言能力、创意性等在这个阶段明显发育，所以需要同时刺激多种感官的体验，使情绪、大脑以及大小肌肉均衡发育。越给孩子创造机会，他的各种感觉和身体器官就越会得到惊人的发育。同时，所有经历留在大脑中，使孩子变成积极解决自己的好奇心、与朋友相处融洽、理解能力强、感情丰富的孩子。

5～7岁是孩子上幼儿园、准备升入小学的阶段，请通过“沉浸游戏”为孩子打下基础，让孩子觉得学习像玩游戏一样有趣。只有有趣才能投入，投入以后才能使大脑发育、提高学习能力。因此，这个阶段的游戏需要“有趣+投入+学习效果”的综合性作用。从出生后第20个月开始就在语言方面崭露头角的宰赫，在5～7岁这个阶段通过游戏和学习相互结合，自己主动学习了英语，12岁以后分别用两个月熟练掌握了中文、日语、法语等外语。

小学低年级阶段需要潜力游戏引导孩子的各种潜在可能性。在韩国，孩子刚入学就会有学习压力。让孩子感觉到学校生活和作业内容很有趣，比学习时间和学习量更重要，这其中的原因就是潜力。与其在陌生的环境里压制孩子的畏惧感和好奇心，不如在家庭生活中通过游戏最大限度地引导孩子的自信心和潜在的可能性。

从2012年开始，宰赫作为志愿者，开始为同龄的朋友和哥哥姐姐们辅导英语，还给7岁的孩子辅导中文。他的辅导当然与同龄的孩子通过去课外辅导班学习的方法不同。我相信，孩子能把语言学习当成游戏，与朋友们相处融洽。这种活泼的性格，肯定是因为他从小不断进行与发育阶段相符合的游戏，才得以形成的。

第二代未来学者丹尼尔·平克（Daniel Pink）总结出未来社会人才需要懂得的6件事情——设计、故事、协调、共鸣、意义、娱乐。这里说的娱乐对孩子来说当然就是游戏。游戏是孩子生活中的必备拼图，是开启孩子对世界的好奇心的跳板，也是自主学习的潜在力量。

李相和 林熙淑

200%活用本书游戏

《爸爸，再不陪我，我就长大了——每天20分钟，给忙爸爸的80个亲子游戏》中没有使用单纯的游戏或传统游戏，而是结合实际，在可以与孩子做游戏的情况或契机下达到游戏的效果。本书经过筛选，整理出了简单易做的80种游戏。

在阅读本书时，根据孩子的年龄，选择相应章节，按照顺序阅读的方式固然好，但也没必要一定按照顺序去读和做。因为在达到固定的年龄之前，孩子与孩子之间，其发育最大可能会有两年左右的差距，所以应该集中阅读适合自己孩子成长的部分或者最需要的部分，每天至少抽出20分钟让孩子体验自己感兴趣的游戏。当然，选取的必须是可以使孩子感到愉快、简单易做的游戏。

一步一步慢慢做 把游戏课程整理成2～3个阶段，不管是爸爸还是妈妈都能轻松地跟着做。

这个游戏的效果 对所讲的游戏是如何刺激孩子的智力发展、有怎样的教育效果、应该怎样根据发育阶段运用本游戏等进行了解读。

■ 学前父母的喜好与孩子能力的关系（教师评价）

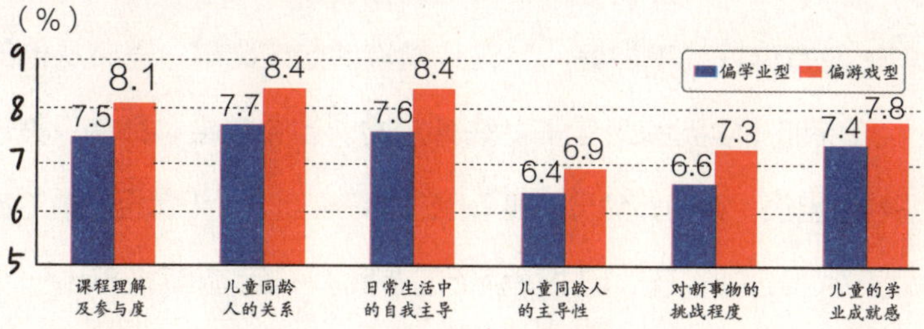

●资料来源：EBS《游戏的逆袭》

换个游戏怎么样 让读者可以在书中找到和当前游戏形式类似或教育效果相似的游戏。

在教育宰赫的过程中，因为是爸爸参与较多，所以可以经常做一些身体方面的游戏。如果妈妈是参与的主体，孩子稍微大一些以后再做身体游戏的话，妈妈们就会比较吃力。因此，在孩子1～4岁期间，虽然刺激创意性和感性的游戏很重要，在室内刺激孩子大小肌肉发育的游戏也应该不断地进行。因为与其他孩子比较，从小进行身体游戏的孩子，其体力更强。还有一点，只有父母乐在其中，孩子才会快乐，父母学习了，孩子才会学习。

和孩子一起开心地游戏，就会不知不觉地发现自己比孩子还要享受，父母能从中体会到小时候没有体会到的东西，发现新的自己。已经长大的成年人都会从游戏中学到那么多，更何况是孩子呢？

想起了一句最能体现游戏效果的名言：**“让孩子玩吧，鼓励他们吧，让他们把没有做好的事做好。”**这是微软创始人比尔·盖茨从他的父亲威廉·盖茨那儿学到的最佳子女教育方式。当今社会，即使只养一个孩子也需要付出很大努力，父母所要承担的责任相当大。把负担感暂时放到一边，每天用20分钟，玩一玩书里介绍的游戏，一定能够培养出一个努力追求梦想、和朋友们相处融洽的孩子。

目录

Part 1

1~2岁）

目录

Part 2

（3~4岁）

体验游戏——让五感均衡发育 · 67

Part 3

(5~7岁)

沉浸游戏——让孩子像沉迷游戏一样沉迷学习 · 141

目录

Part 4

小学低年级

Part 1

生活游戏——使刺激成长变得超简单

孩子1~2岁时，和他玩游戏，并不只是单纯地逗孩子开心，也不是为了消磨时间，而是为了让父母和孩子形成积极良好的关系，所以游戏只是一种手段而已。这里所说的“积极良好的关系”是指父母和孩子之间沟通顺畅。要达到这个目的，除了每天多抱抱孩子、拍拍孩子外，还需要做能够多与孩子亲密接触的游戏。这样做不仅能给孩子带来心理上的安全感，还能促进神经递质的分泌，刺激大脑发育。另外，这个年龄段，孩子的最大特征是开始学说话，所以应该通过游戏引导孩子正确地与父母和社会沟通。

1.时钟从早上开始，嘀嗒、嘀嗒

钟摆游戏

场所：大型超市或者市场
准备：父母结实的臂膀
效果：熟悉“时间（秒）”的概念，记住新事物的特征，用身体表现事物
情况：当孩子第一次看到时钟，并对它很感兴趣的时候

我们家每周去一次大型超市买东西。具体挑选商品之前，我们一定会先去一个地方，那就是超市里面的书店。购物前，先在书店里给孩子读一会儿书，或者让孩子选一选他喜欢的书。这样做可以减少孩子因对买东西不感兴趣，而产生的无聊感。有一天，当我们经过钟表专柜时，宰赫的视线被挂钟吸引住了。我们当然不能错过孩子开始对新事物产生兴趣的这一瞬间了！

“爸爸，钟的尾巴在摇！”

钟摆晃来晃去，秒针嘀嗒、嘀嗒地走着，看起来像是什么

小贴士

可以对不讲敬语的孩子放任不管吗

不管对方是谁，都说“嗯”“帮我做”这种非敬语（与敬语相对，一般用于与同龄人或小辈讲话的时候。——编者注）的孩子让您很苦恼吧？

有的人以孩子还小、不懂事为理由放任不管，但很多家长担心孩子可能会养成不礼貌的说话习惯。不过，不用担心。专家表示，敬语教育应该从孩子正式开始学习语言的时期，也就是从3~5岁开始，而且在家里和幼儿园里同时进行教育会更有效果。特别是家人使用敬语的频率越高，孩子使用敬语的频率也就越高，并且随着年龄的增长，孩子的敬语语法应用也会越来越好。所以，在孩子1～2岁，父母也应该对孩子使用敬语。

玩具，孩子当然会感兴趣了。如果孩子感兴趣的话，就应该尽量帮助他，使感兴趣的对象在他的大脑中成像，这样才能给孩子留下更深刻的印象。

“跟我们家的钟不太一样吧？”

“那是什么啊？”

“那是钟摆。”

“它为什么在摇摆呢？”

“嗯，那是钟摆在工作呢！为了让指针动起来，钟摆要嘀嗒、嘀嗒地来回摆动。爸爸把宰赫变成钟摆怎么样？”

“好啊！”

“好，现在宰赫是钟摆啦！”

我把宰赫从推车里抱出来，双手卡在孩子的两腋下，把他举在自己

前面，一边让孩子全身左右摇摆，一边给他唱《钟摆歌》：

时钟从早上开始嘀嗒！嘀嗒！

永远都在嘀嗒！嘀嗒！

辛勤劳作。

“爸爸，好有意思啊！再做一次！”

“好，再做一次！”

“时钟从早上开始嘀嗒！嘀嗒！

“永远都在嘀嗒！嘀嗒！

“辛勤劳作。”

“爸爸，再玩一次钟摆游戏吧！”

“我们宰赫的腰要是变得像蛇一样长可就不好了，最后再做这一次哦！”

“好的！”

一步一步慢慢做

（1）孩子对钟表（新事物）感兴趣。

（2）给孩子讲时钟的原理。不要因自己推测孩子可能对这个原理难以理解就随便应付过去，用最简单的语言给孩子解释说明很重要。

（3）用身体来模仿时钟的运作或者给孩子唱相关的儿歌，使孩子对其加深印象。

这个游戏的效果

- 钟摆游戏能让孩子了解时钟的工作原理、以秒为单位的时间概念，以及感受身体的平衡。同时，还能让孩子自然地和父母进行亲密接触，获得相互交流的时间。

- 如果亲自通过身体表现出新事物的特征，就会形成一种经验，而更长久地留在记忆中。

换个游戏怎么样

举重游戏（P28），人类捕蝇草游戏（P110）

2.试试用书来做隧道

书隧道游戏

场所：客厅或者孩子的房间
准备：几本书
效果：增加对书的亲近感，提高应用能力
情况：想要跟书亲近的时候，或者孩子不想看书的时候

很少有孩子从一开始就喜欢书。不少父母为了让孩子喜欢上书，常常在伸手可及的地方摆上书，给躺在床上的孩子读。设置这样的环境固然很重要，但最好不要把书当成单纯传递知识的工具，应该以多种方式利用它，让孩子能够充分地和书接触。把书当作游戏的对象非常重要，在这里，我最想推荐的是用书做隧道的游戏方法。

“辛赫睡觉之前，爸爸读书给你听好不好？”

“不想听。”

“那今天我们做可以让火车通过的隧道怎么样？”

“隧道？怎么做啊？”

“把你喜欢的书拿过来吧。”

“几本？”

“10本。”

孩子去拿书了。仔细一想，孩子还不会数数，怎么可能会拿过来正好10本书呢？1～2岁的孩子一般会数到两三本后过来问一问，然后再去拿几次，或者干脆直接拿过来5本左右。那么，先跟孩子一起数一数有几本书吧！

“1本、2本、3本、4本、5本……”

这样的话，孩子不仅可以学到书的数量单位是“本”，还可以学习到“3”的后面是“4和5”。如果想再加快一点儿进度的话，可以把10个手指伸开，数一本就弯一根手指，数到5以后就弯了5根手指；再把剩下5根伸开的手指给孩子看，告诉孩子还需要5本书；然后和孩子一起再拿5本书，游戏的准备工作就完成了。

“把书这样立成两行，再在两行书的顶上放书。”

“哇，真的是隧道呢！”

“还有椅子隧道哦！连起来看看吧？”

把4把椅子搬过来并排放好，跟刚搭好的书隧道连起来，就可以组成不同样子的隧道了。

“爸爸，什么东西可以从这个隧道穿过去呢？”

“汽车模型比较小，所以应该能穿过去。隧道那头的人肯定在等着有意思的书呢！光穿隧道的话就太没意思了，我们读一页书穿一次隧道怎么样？”

“哇，肯定很好玩！”

“呼呼，汽车出发！”

“你好，要穿过这个隧道的话请给我

读书。”

“恐龙出现了。你见过恐龙吗？不是电影或者动画片里的恐龙，而是说真正的恐龙哦！没见过？那么就跟我一起来看看恐龙生活过的时代吧！”

“现在可以通行啦！”

“哈哈……”

不要把书想成单纯的知识传递工具，找一找能让孩子先跟书亲近起来的其他方法吧！比如说，找几本厚的、比较容易立起来的书，用它们做“多米诺骨牌”游戏也可以让孩子和书亲近起来。可繁忙的双职工夫妇或者是回家很晚的爸爸是否很难说出要给孩子读书的话呢？再加上想通过书游戏让孩子对读书感兴趣是需要一定时间的，所以有的父母可能会觉得这样做比较浪费时间。其实，对孩子来说，没有比这个更好的办法了。

一步一步慢慢做

（1）提议让不想读书的孩子玩“书隧道”游戏。

（2）用几本容易立起来的书做一个“书隧道”，也可以利用其他玩具。

（3）用玩具或者书来通过已经立好的“书隧道”，每次通过的时候给孩子简短地读一段书。如果“书隧道”游戏玩腻了的话，还可以玩把书立起来再推倒的“书多米诺”游戏。

这个游戏的效果

- 不要把书当作单纯的传递知识的工具，最好让孩子知道多种多样活用书的方法。

- 睡眠期间，成长素会大量分泌，所以睡眠可以提高孩子的记忆力。如果睡前游戏耗时较长，会妨碍孩子的睡眠。换句话说，孩子的睡眠越充足，他的记忆力和免疫力就越高。

换个游戏怎么样

多米诺游戏（P41），找巧克力游戏（P88），系列丛书整理游戏（P177）

3.谁也看不到

透明人游戏

场所：家里的任何地方

准备：爸爸的好莱坞演技

效果：提高敏捷性和空间感，增强耐性，和父母沟通顺畅

情况：爸爸下班回家按门铃的时候

下班或者外出回来后，按了门铃，刚才家里明明有动静，可是却没有人出来开门，这是什么情况呢？

这也是一种游戏。小时候玩过的捉迷藏怎么样？是不是很过瘾？直到现在，我们家还是会全体一起玩透明人游戏。虽然现在孩子已经长大了，但是只要按门铃，家里还是会传来一阵躲藏的声音。

按完门铃到现在好像已经有5秒钟了吧？“现在进去可以了吧？大家应该都藏好了。”这样想着，我打开门走了进去。如果一进家门就像搜查犯人一样迅速地找到大家的话，就太没意思了。这时，要慢慢地、非常慢地叫大家的名字。

“老婆！孩子！你们在哪儿呢？爸爸回来啦！快出来！哼……大家都哪里去了呢？”

“……”

“宰赫啊，时熏啊，你们在哪儿呢？”

“呵呵……”

“爸爸回来了，怎么一个人都没有啊！都去哪儿了？”

“嘿嘿……”

到了游戏差不多该结束的时候，应该说一句：“既然家里一个人都没有，爸爸还是出去吧！”

说完，心软的时熏就会大喊着跳出来。

“爸爸，我在这儿呢！妈妈和哥哥也在这儿！”

这个时候，如果就用一句“啊，是吗”来回答，就会把刚刚和孩子一起开心游戏的过程变成没有意义的搞笑事件。这是不行的，应该像真的没找到一样说：

“啊！吓了我一跳！你们藏哪儿了啊？”

“我藏在书桌下面了！爸爸，您回来啦！”

“嗯。妈妈呢？”

“妈妈说她藏在衣柜里了。”

和孩子打开衣柜柜门一看，妻子正哧哧地笑着用衣服挡着自己呢！

“难道妈妈不在衣柜里吗？还是妈妈太小了，我看不到啊？时熏，你看到妈妈了吗？”

“不是在这儿吗？用衣服盖着呢！”

孩子都喜欢角落或者密闭的空间。如果想连接之前的透明人游戏的话，可以走到孩子前面，转过身背对着孩子说：

“时熏啊，你在哪儿？刚刚还在这儿的，难道你变成透

小贴士

和爸爸一起玩更好

一般家庭里，爸爸和孩子的相处时间比较少，所以比起“量”，更需要“质”高的亲密接触。下班回来后和孩子一起高兴地玩一玩，爸爸就可以充分地和孩子进行情感交流了。

明人了？怎么又看不见你了啊？”

如果孩子哧哧笑着转到你前面的话，就继续转身，让孩子一直看你的背影，然后继续叫孩子的名字。

“时熏啊，哪儿去了？”

“爸爸，我在这儿呢！”

“咦？好像听到声音了，不过人在哪儿呢？”

“在这儿呢，这里！您看不到我吗？”

如果想结束游戏了，就看着孩子，然后装着很惊讶的样子再问一次：“哎哟，吓我一跳！我们时熏刚刚去哪儿了？”

“爸爸不知道吗？我就在爸爸的身后啊！”

“啊，是吗？爸爸不知道，刚才谁都没看到！”

孩子觉得有意思后，有时会自己藏到父母的身后大喊：“爸爸，来找我啊！”

一步一步慢慢做

（1）确认孩子在家后按响门铃，大约5秒钟后展现出好莱坞级别的演技，像走进真没人的家里一样。

（2）若无其事地一边叫孩子的名字，一边慢慢地找。

（3）假装找了半天都找不到后，装作自己要离开，朝门口走去。这时，孩子就会跑过来或者发出声音提醒。

这个游戏的效果

- 透明人游戏可以培养孩子寻找“藏身处”的空间能力。在被父母找到之前，孩子会一直屏气凝神，因此，这个游戏还可以培养孩子的耐性。另外，也可以让劳累了一天的爸爸下班回家后开心开心。如果孩子总和父母一起笑，而且沟通顺畅的话，即使孩子到了青春期也不会与家人产生什么大矛盾。很多父母因为和孩子无法顺畅沟通，导致自己对子女的教育变得更加困难。千万不要忘记，从孩子小时候开始，父母就应该和孩子经常沟通，制造可以一起分享的各种回忆。这样做的话，即使孩子进入青春期，父母与孩子之间的沟通也会很容易。
- 如果孩子得不到关心，就会变得胆小谨慎，或者假想出可怕的对象，和有这种倾向的孩子玩透明人游戏时，稍不留神就会让孩子产生挫败感，所以一定要多加注意。

换个游戏怎么样

下班路上的打电话游戏（P18），捉迷藏游戏（P104）

4.不行，不要亲亲 就要对着干游戏

场所：客厅或者孩子的房间里
准备：超淘气的爸爸和给予帮助的妈妈
效果：自然而然地熟悉反义词，诱导积极的竞争心态
情况：需要和孩子有亲密接触的时候

就要对着干游戏是利用孩子凡事都喜欢和家长对着干的特性，诱导孩子亲爸爸妈妈的游戏。在欧美，和家人或者其他人打招呼时，总是拥抱或者轻微地亲密接触一下对方。但是，在韩国，人们之间的亲密接触是非常罕见的。回头看看我们自己的成长过程，根本就没有什么亲密接触，所以现在的结果是必然的。如果不管三七二十一就跟孩子说“来亲亲我”的话，只会引来尴尬，而且还可能令孩子生气。

首先，盯着孩子做出一副不喜欢的表情，然后一边用手捂住嘴巴，一边对孩子说：“宰赫啊，现在千万不要亲我哦！”

孩子会想，爸爸为什么会这么说。这时，再大声说一遍：“爸爸不喜欢亲亲！”

说这话时，如果太严肃或者太认真的话，失败的可能性就会很高。要用开玩笑的语气说，让孩子明白爸爸是在开玩笑。在这之后，孩子就会跑过来要亲爸爸。如果这个办法失败了，还可以使用第二个办法。

“有没有人想亲爸爸？”

这句话一说出来，就需要妈妈马上配合演出，说：“我要亲亲爸爸！”

如果妈妈装着要跑过来亲爸爸的话，孩子就会产生嫉妒心，立刻先朝爸爸跑过来。

“不行，我要先亲爸爸！”

“可是，是妈妈要先亲的啊！”

“我最先跑过来的！啵啵！”

孩子的嫉妒心很强，有想要的东西，就算是用哭或者暴力也要争取到的特性。因此，如果能够了解孩子的特性，在设计游戏的时候就会很有帮助。

一步一步慢慢做

（1）用手捂住嘴巴后，开玩笑似的喊：“现在不能亲亲！”

（2）妈妈和孩子都争着要亲爸爸。

（3）妈妈要让着孩子，让孩子先亲爸爸。

这个游戏的效果

- 据说，即使是很小的事情，也可以刺激人体分泌能够让人感到幸福的物质——血清素。记住，幸福离我们并不远。
- 如果夫妻关系不好的话，肯定玩不了这个游戏，对吧？平时和配偶保持良好的关系，是家庭和睦和孩子幸福成长所需要的。

换个游戏怎么样

家庭乱涂乱画游戏（P21），人类捕蝇草游戏（P110）

5.培养想象力的“喂”

下班路上的打电话游戏

场所：父母在外面，孩子在家里
准备：手机
效果：提高想象力和词汇运用能力，增强时间感和距离感
情况：在外面给孩子打电话的时候

下班或者外出回家的路上，给孩子打一个电话就能培养他的想象力。

“老婆，在干什么？”

“刚给宰赫洗了澡。”

“啊，等我回家和他一起洗也可以的。让宰赫接电话吧！”

“爸爸，您在哪儿呢？”

“还在公司，现在马上要回家了。等会儿爸爸坐上车再给你打电话，你要接电话哦！”

先打一个简短的电话，然后再重新打一个。

“是宰赫吗？”

“嗯！”

“现在爸爸上车了，车马上就要出发啦！”

“知道啦，爸爸路上小心哦。”

想玩这个游戏的话，平时和孩子一起外出的时候，一定要让孩子知道自己去的场所。这样，在玩这个游戏的时候，孩子才能想到爸爸大概到达哪个位置了。

到了宰赫知道的场所附近时，我又打了一次电话。

“宰赫啊，你猜猜爸爸现在到哪儿了？”

“到哪儿了？”

“上周我们买汉堡包的地方。”

“是××超市吗？”

“叮咚叮，答对啦！现在马上就要到宰赫去过的医院了。”

“这么说，爸爸马上就要到家了？”

“是啊，已经到了，马上就停车了……现在往家里走呢，你听见脚步声了吗？”

“嗯，听到啦！”

“我要按门铃喽！”

叮咚，哐当。

“爸爸！”

从公司到家的途中给孩子打电话能带来什么效果呢？首先，孩子能估计出爸爸从公司到家需要多长时间。其次，能增强孩子的距离感和想象力。**在打电话的过程中，孩子会想象“爸爸坐什么车回来的”“爸爸会路过什么地方”等。经常做这个游戏还能使孩子在下次外出时，更加仔细地观察街道，提高观察力。一般处在1~2岁年龄段的孩子都是以自我为中心，通过玩这个游戏，孩子能够养成站在他人的角度上想问题的好习惯。**

一步一步慢慢做

（1）下班路上给孩子打电话，告诉孩子自己还会再打电话。

（2）在经过孩子熟悉的大型建筑物或商店等地点时，让孩子推测父母的位置。

（3）如果孩子想不起来的话，就通过孩子吃过的东西或做过的事情进行补充说明，孩子一定会想起来的。

这个游戏的效果

- 乔治城大学医学院小组研究结果表明，增强词汇运用能力可以使IQ提高100%，所以进行对话本身就对孩子有帮助。

换个游戏怎么样

纸杯电话游戏（P44），猜想法游戏（P171）

6.大纸张，大梦想

家庭乱涂乱画游戏

场所：客厅
准备：若干全开纸或报纸，以及铅笔、水彩笔、染料等画画工具
效果：减少对画画工具的固有观念，增强创造能力
情况：孩子想乱涂乱画的时候

很多父母为了增强孩子的创造力，会陪着孩子玩画画游戏。如此说来，在画画工具齐全的情况下，是不是图纸越大孩子的创造力就越强呢?

孩子小的时候画的画更适合叫“乱涂乱画”，他们总是喜欢用上各种各样的画画工具。这个时候，在大纸上作画，肯定要比在小纸上更能激发孩子的想象力。实际生活中没办法随时准备大纸，偶尔用A4纸、报纸或者传单纸，都能给孩子的创造力发展带来很大帮助。

“妈妈，我想画画。”

“是吗？你要素描纸？大张纸？还是报纸？”

“我要大张纸。”

“好的，等一下啊！”

妈妈早有预感他会要大张纸，所以早就准备好了！

宰赫看见妈妈把提前准备好的纸拿出来，眼睛瞪得比牛眼还大。现在，把纸铺在客厅地面上吧！

“宰赫啊，你去问问爸爸想不想和我们一起画画！”

“爸爸，您想和我们一起画画吗？”

“好啊，爸爸、妈妈还有宰赫，我们全家一起画吧！”

有一点很重要，孩子画画的时候，父母不要插手。如果孩子让你画大树你就画大树给他，孩子的创造力不但不会提高，反而会降低。让孩子根据脑海中对事物的印象随意画吧！

也不可以笑话孩子画出来的东西，因为孩子画的是自己脑海中的大树形象。仔细观察就会发现，孩子会画出那样的大树肯定有自己的理由。

父母给孩子画的画不是孩子自己的画，而是孩子在模仿父母画画。结果，孩子的创造力顶多和父母的创造力一样。当然，站在成年人的立场上看，孩子自己的画也许只是毫无意义的乱写乱画。但是，对孩子来说，他们是在用这种方式表达自己的感觉。父母应该无条件接受，并对孩子画出来的画提出问题，进行对话。

孩子画完画后问我：

“爸爸，这幅画很棒吧？”

我顿时感到很惊慌，这明明就是乱涂乱画，根本不是画啊……即便如此，也千万不能让孩子看到失望的表情，更不能数落他，因为孩子的眼光和成年人的眼光是不一样的。

“宰赫啊，你真是太了

小贴士

孩子的想象力比图纸大

有孩子的家庭最好备有A4纸或者素描纸等，它们是孩子展开想象力的地方。如果家里有4岁以上的孩子，可以给他准备一个白板。白板不仅能让孩子站着画画，如果挂在墙上，孩子还能和来家里玩的朋友们一起画画，很方便。孩子上小学后，还可以在这块白板上贴上备忘录和时间表等，用处无限。

还有一个孩子喜欢画画的地方，就是浴室。走进浴室好好看一看，墙壁上镶满了雪白光滑的瓷砖，地上还有浴缸……对孩子来说，真的还有比这更好的图画纸吗？浴室里有墙壁、洗脸池、浴缸、盆等，孩子可以在这个没有限制的空间里充分地利用它们。另外，洗澡前先玩个游戏也是个不错的选择。但是，在浴室的墙壁上画画时，一定要选择易清洗的水性染料。

不起了，你怎么画得这么好啊？”

“爸爸，你知道这是什么吗？”

当你听到这个问题时，不要惊慌，实话实说就可以了。

“宰赫啊，这幅画画得实在是太好了，所以像很多东西。可以说它是太阳，也可以说是比萨，还可以说它是煎鸡蛋呢！宰赫说说，这是什么啊？”

“这是狮子，这是狮子头，这是狮子毛。”

我还以为是太阳呢，原来是狮子毛啊！不管怎么样，我们都要表扬孩子，让孩子充分产生自信心。

“哇，真是一模一样啊，宰赫太棒了！”

受到表扬后，宰赫以为自己很擅长画画，并且就这么长大了。孩子一定会依靠表扬的力量夜以继日地练习。虽然每天用来涂鸦的A4纸超过100张，但带来的结果是，孩子每次都能在校园比赛中拿大奖。对孩子来说，让他们自己画画比给他们画画更好。现在，大家也都知道了吧？

一步一步慢慢做

（1）给想玩乱涂乱画游戏的孩子准备全开纸。

（2）父母不要帮孩子画，让孩子用画画工具随心所欲地画出自己想画的东西。

（3）让孩子讲一讲自己的画，问一问他这么画的理由，与孩子进行交流沟通。

这个游戏的效果

- 如果父母先画给孩子的话，会造成孩子的创造力发展下降。爸爸、妈妈和孩子一起画画，并针对孩子的画进行对话，这样做可以培养孩子的理解力和观察力。另外，把孩子的画摆在显眼的位置上，且至少摆2~3天，这样有助于提高孩子的长期记忆。
- 以爸爸为中心，与孩子一起度过大部分时间的教育方法是“SCANDI DADDY”（追求斯堪的纳维亚式北欧子女养育方法的父亲进行的家庭教育。——编者注）。现在，这股教育热风正在猛吹。最近发表的研究结果证明：爸爸应该参与到游戏中。英国牛津大学子女养育研究所针对1958年出生的17000人做调查，追踪他们直到33岁为止的成长过程。结果表明，在积极参与子女成长和教育的父亲身边长大的孩子，不仅学习成绩好，社会生活和婚姻生活也比较成功。

换个游戏怎么样

做河道游戏（P125），摇摆游戏（P143）

7.手脚并用爬起来

爬墙游戏

场所：孩子的房间
准备：客厅或卧室里灯的开关，A4纸
效果：打破对空间的固有观念，减轻在黑暗中的恐惧感，与父母自然地亲密接触
情况：睡觉前关灯的时候

时熏喜欢在床上听关于爸爸和妈妈结婚的故事。我晚上经常给他讲婚礼。只举行了一次的婚礼已经被讲了数十遍，如果想每次都说得不太一样还是比较有难度的。不过，幸好时熏听得津津有味，使这个故事听起来并没有那么无聊。

“时熏啊，现在很晚了，睡觉吧？咱们把灯关了一起躺下好不好？”

“我去关！”

“时熏想去关吗？”

“嗯，把我抱起来吧！”

“那我们今天在墙上走路怎么样？”

“在墙上走路？”

“是啊，爸爸抱着你，你走吧！”

我用手抓着时熏的腋窝支撑他，他就能在墙上走了。如果孩子再重一点儿的话，这个游戏就不能玩了。如果现在不玩，孩子就没有机会变成电影《黑客帝国》的主人公了。

“妈妈，我在墙上走呢！”

“是啊，妈妈看着呢！很好玩吧？小心点儿。”

时熏用脚按下开关后缠着我再抱他玩一次，所以我又把他抱起来爬上墙把灯打开了。

时熏问：“爸爸，刚才还黑漆漆的，现在怎么亮了？”

“因为墙里面有电线控制灯的开关呢！”

“爸爸能看到墙里面吗？”

“不能啊，爸爸用纸画出来给你讲，好不好？”

“好！”

我们家买了很多A4纸放在箱子里，足够孩子随心所欲地用。平时，既用A4纸画画，也用它玩折纸游戏，像这样在纸上给孩子讲解什么也会用到它。所以，大家最好把A4纸放在孩子伸手可触的地方。另外，当孩子有疑问的时候，应该立刻为他解答，只有这样，孩子在下次遇到问题时才能轻松地问出来。

一步一步慢慢做

（1）睡前关灯时做的游戏。

（2）支撑孩子的整个身体，让他可以在墙上走路。

（3）让孩子用手或脚关灯。

这个游戏的效果

- 关灯游戏本身可以减轻孩子对暗处的恐惧感。
- 如果孩子不感兴趣的话，无论怎么讲解都是徒劳，因为即使讲解了，也不会在他的大脑里留下印象。相反，如果孩子对某个问题感兴趣，就要立刻拿出纸给他讲解，这时孩子会像海绵一样吸收知识。

换个游戏怎么样

钟摆游戏（P3），脚趾捡东西游戏（P91）

8.爸爸的力气大吧 举重游戏

场所：客厅或者房间里
准备：爸爸的臂力
效果：增进和父母之间的亲密接触，提高信任度，增强利用身体表现事物的表现力
情况：给孩子讲运动和力量的时候，或者用身体表现事物特征的时候

“爸爸，怎么样才能使力气变大啊？”

“好好吃，好好玩，还要做运动。”

“做什么运动啊？”

“嗯……比如说单杠和举重。你想不想和爸爸玩举重游戏啊？”

“什么是举重游戏啊？”

“就是宰赫像杠铃一样不要动，爸爸把宰赫‘嗖’地举起来。这种运动可以增强臂力。”

“1、2、3、4，1、2、3、4。”

“好好玩啊！我们再玩一次吧！”

“好吧，1、2、3、4。”

举重游戏是把孩子的身体当作杠铃，用两只胳膊把孩子举起来再放下。当然，在做这个游戏时，爸爸一定要考虑孩子的体重，不要伤到自己的腰，而且千万要小心，别把孩子摔到地上。另外，一定要事先告诉

孩子，要像杠铃一样展开身体，不能乱动。

这个游戏不仅能让孩子自然而然地知道什么是杠铃和怎么用杠铃，还能顺便和举重游戏一起玩悬空游戏。

一步一步慢慢做

（1）给孩子讲杠铃的模样和使用方法。

（2）把孩子当成杠铃小心翼翼地举起来。

（3）做举重游戏时，爸爸和孩子一定小心，不要受伤。

这个游戏的效果

- 举重游戏能够促进身体的发育和相互作用。这个游戏是需要很大力气的身体游戏，建议和爸爸一起玩。加利福尼亚大学帕克教授的《只有父亲能做的事情》中把爸爸和孩子之间相互作用的影响叫作“爸爸效应”。

- 越做需要相互配合的游戏越能刺激孩子左脑发育，促进理论能力和理性思维发展。通过游戏能够提高感觉和运动数值，所以多做需要相互作用的游戏才能使孩子的理性和感性均衡发展。

换个游戏怎么样

钟摆游戏（P3），爬墙游戏（P25），倒过来看游戏（P101）

9.丁零零，门开了 按数字游戏

场所：有密码锁的门前
准备：有密码锁的门
效果：提高记忆力，感受到成就感，变得有能动性
情况：打开玄关门的时候

哥哥宰赫19个月时开始自己动手按密码开门，弟弟时熏从35个月开始自己动手按密码开门。虽然他们两个能够独立开门的月数不一样，但他们有共同点——坚持按密码锁6个月后才能自己开门进去。宰赫从13个月开始每天按5次以上，时熏从29个月开始也每天按5次以上，他们把它当成按数字游戏。反复的力量是巨大的，不断给孩子看数字，不断让孩子练习，就能看到明显效果。

你们做过反复游戏吗？如果不肯尝试的话，就什么都做不到；如果父母没有韧性的话，孩子就无法拥有成功的体验。

“宰赫啊，爸爸按密码啊？”

“不，我要按，爸爸说数字吧！”

“慢点儿按，先按#。”

“0、1、0……

“然后是什么？3？4？”

“4，再按一次啊？01045……”

“啊！我想起来啦！01045279。”

“哇，宰赫太棒了！”

第一次按的时候，父母要抓着孩子的手按。此时给孩子读出正确的数字很重要。虽然对父母来说每次都这样做有些麻烦，也可能会因为孩子要赖一定要按密码而感到为难，但是门自动打开的那个瞬间，孩子就能品尝到成就感和喜悦。

让孩子从小多尝到成就感和喜悦的滋味，可以把他培养成积极主动的人。通过反复按数字，当孩子产生自信心的时候，他就能勇敢地放开父母的手，自己输入密码了。

“今天我要自己按。”

“好，加油！”

“#，

“0，

“1，

“0，

“4，

“5，

“2，

“7，

“9。”

“丁零零！”

一步一步慢慢做

（1）让孩子按玄关门的密码锁。

（2）第一次要抓着孩子的手按密码。

（3）不断反复练习，直到孩子有信心自己按完全部数字。

这个游戏的效果

- 通过反复练习，成功后可以使孩子得到自信。例如，通过反复读同一本书，逐渐熟悉内容的过程可以提高孩子的语言能力，从而获得自信。根据反复的事情不同，可以提高孩子的认知能力、语言能力、理解能力等。

换个游戏怎么样

自动扶梯游戏（P61），找车牌号游戏（P64）

10.在家打雪仗吧

报纸打雪仗游戏

场所：客厅或房间
准备：报纸
效果：消除压力，提高想象力和应用能力，增强敏捷性
情况：没有雪却想打雪仗的时候

在风、阳光、天空、云朵、雪中，哪种现象是冬天专有的呢？当然是雪了。“咯吱咯吱”，踏雪的声音和感觉是大自然赋予人类的珍贵礼物之一。孩子和小狗不知道有多喜欢雪，一到下雪天他们就会不顾一切地拼命往外面跑。

下雪天最好玩的游戏就数打雪仗了。孩子也许时刻都在等待下雪的冬天。有一天，时熏控制不住内心的失望问我：

“爸爸，夏天为什么不下雪呢？”

“夏天不是下雨吗？”

“不下雪吗？”

“天气冷的时候雨才能变成雪啊。”

“那夏天就不能打雪仗了吗？”

“嗯……夏天打雪仗？啊，能啊，当然能啊！”

“怎么打啊？”

“用报纸就可以了啊！”

“报纸？”

“咱们把报纸撕碎吧！”

“真的可以撕碎吗？”

“当然了！撕、撕……

“撕报纸的心情怎么样？”

“好开心啊，爸爸呢？”

“爸爸的压力‘唰’都消失了！”

“嘿嘿，我的压力也消失了。”

“撕、撕……”

“撕、撕……”

现在应该可以准备打雪仗了吧？用桌子和椅子当城墙做防御。

“咱们定一下打雪仗的规则吧！椅子是城墙，如果身体被打中两次就是输了。打到手和胳膊都没关系，但是打到眼睛的话得用手护着。我们开始啊？”

“爸爸，等一下！城墙上有窟窿，我们得把它堵上。”

孩子把自己的围脖拿来堵住了椅子的缝隙。现在，一切准备就绪。

“打雪仗开始！嗖……”

“嗖……”

有时候，游戏需要父母和孩子的想象力。这时，父母需要暂时返老还童，尽情发挥自己的想象力！今天，我想象整个小区都下起了大雪，把报纸揉成团当成雪球。

一步一步慢慢做

（1）把报纸撕成小块。

（2）把撕成小块的报纸揉成团。

（3）定下游戏规则，相互扔“雪”（报纸）球。

这个游戏的效果

- 通过做游戏，孩子可以消耗能量，从而减小攻击性。抛出撕碎的报纸既

能缓解压力，又能减弱攻击性。孩子也需要缓解压力，储备积极的情绪。从不能充分做游戏的孩子身上，往往可以看到攻击性行为或者吸吮手指等行为。

- 用报纸打雪仗可以在室内随心所欲地玩。既有助于孩子的身体发育，也能使孩子不断思索躲闪和扔东西的方法，还能提高孩子的敏捷性。

换个游戏怎么样

报纸篮球游戏（P79），保龄球游戏（P82），摇摆游戏（P143）

11.先抓什么鱼呢

磁铁钓鱼游戏

场所：客厅
准备：磁铁、多种物品（以重量轻的物品为主）、透明胶带
效果：了解磁铁的性质，提高注意力
情况：想钓鱼并且家里有磁铁的时候

有一天，我正在给宰赫读关于大海的书，宰赫突然问我：

“爸爸，大海里都有什么鱼啊？”

“对啊，都有什么鱼生活在大海里呢？宰赫先说说看。”

“鲸鱼、鲨鱼……”

“还有晚上我们要吃的青花鱼，以及金枪鱼、燕鱼、章鱼、带鱼、鳗鱼等，有很多很多鱼！”

“青花鱼生活在大海里，我们怎么吃啊？”

“用渔网或者鱼竿钓上来啊！”

“爸爸钓过鱼吗？我想钓青花鱼。”

“我当然钓过大鱼了。好！我们以后找时间去钓鱼，把青花鱼和鲨鱼全都钓回来。”

“现在不可以吗？”

现在？孩子那么好奇，当然不能让孩子无限期等待下去了。看来，今天也得准备什么游戏才行。我把贴在冰箱上的两块磁铁摘下来问孩子：

“你看，假如这里就是大海里面的话，你现在最想钓什么？”

“鲸鱼、书，还有我喜欢的垒高玩具和水彩笔！”

孩子的想象力总是能跨越到我们难以预料的地方。当我们问他们都想钓什么的时候，即使答案是大海里没有的垒高玩具和水彩笔，我们也要认真地听。现在，我们成年人也没有完全掌握大海里面都有什么，也许有一天，当孩子长大了，他们真的会在深海里发现什么我们不知道的东西。

来，把磁铁贴在垒高玩具和水彩笔上，再把画出来的鱼贴在上面。我们现在得找鱼竿了，环顾四周发现有个照相机三脚架。用透明胶带在线的末端贴上磁铁，线的另一端缠在三脚架上。这是不是很像鱼竿呢？除了照相机三脚架，也可以用雨伞或者长杆代替鱼竿。

“爸爸，这样就是钓鱼吗？”

“在真大海里钓鱼的时候，要在鱼钩上挂蚯蚓，鱼就会过来吃肉。现在我们就用磁铁代替蚯蚓吧！”

“哇，我们先钓什么鱼呢？我要钓那条小鱼！”

虽然不是真的在海边钓鱼，不过通过想象力一定能让孩子乐在其中。

一步一步慢慢做

（1）在磁铁能够吸起来的

轻物品上贴上小鱼图案和磁铁。

（2）找出可以代替鱼竿的长物体，用线缠住一端，另一端用胶布把磁铁固定在上面。

（3）开始有趣的钓鱼游戏吧！

这个游戏的效果

- 正常情况下要在海边或者江边钓鱼，不过换个角度想就会发现，其实在客厅也能钓鱼。这可以让孩子看到思维转换，有助于孩子打破固有思维框架，发展认知能力。
- 钓鱼游戏可以使孩子自然而然地了解磁铁相吸和相斥的性质。利用这种性质，除了玩钓鱼游戏外，还可以玩磁铁同极相斥、异极相吸等应用游戏。
- 如果孩子有疑问，马上为他解答固然是好，不过针对之前聊天的内容重新提问孩子已经知道的事情更好。这样做可以让孩子学习持续对话的方法。

换个游戏怎么样

找铁片游戏（P131）

12.小心翼翼地立起来 多米诺游戏

场所：家里（地面平坦的场所）
准备：多米诺骨牌或卡普拉积木
效果：学习多米诺的原理，培养注意力和平衡感
情况：孩子摔倒的时候，以及家里有多米诺骨牌或卡普拉积木的时候

我和宰赫闹着玩的时候一起摔倒了。

“啊，都是爸爸不好！”

“是你抓着爸爸的脚所以才一起摔倒的啊！”

宰赫大哭起来，一点儿想要停下来的迹象都没有。我觉得应该用别的东西转移他的注意力才行，就在这时，我想起了成排倒下的多米诺骨牌。

“卡普拉积木一连倒下100个，一个都不会疼，你想不想看啊？”

“呼噜，它们是怎么做到的啊？”

我找出送给他的生日礼物卡普拉积木，开始往平坦的地面上立。

“先把哪个立起来呢？

小贴士

孩子现在还小，能玩多米诺吗

大家都知道，1~2岁的孩子注意力集中的时间一般在2~3分钟。不过，正是要从这个阶段开始玩立积木、堆塔、建桥等游戏。第一次玩的时间短一些，以后逐渐增长时间。要记住，强迫孩子的话反倒会使他们对游戏产生反感。

一个一个地立起来吧！宰赫也试试看，慢慢立哦！”

“嗯，嗯，可是立不住啊，又倒了，前面的也倒了。”

“爸爸在这里立，你去那边立吧！”

“为什么？”

“因为你立的卡普拉积木倒了以后，爸爸的也会倒啊！”

“嗯！”

“这是多米诺，一个倒了的话旁边的也会跟着倒下去。人就像多米诺一样，如果自己摔倒了，离自己近的人也会摔倒的。就像刚才爸爸和宰赫一样，一起摔倒了吧？”

“爸爸，立多米诺真好玩。”

“爸爸要在这里把它们连得长长的，宰赫去那边立吧！”

试着立一两块卡普拉积木。**如果倒了就再立起来，再倒了就再立起来，反复做。孩子还小，反复过程可能会使他感到厌烦，必须非常集中注意力才能完成完整的多米诺。**

“爸爸，是心！”

心形摆满了客厅，现在到了孩子释放压力的时间了。

“宰赫啊，你把最后一块积木推倒的话，所有积木都会跟着一起倒的。”

“真的吗？”

“当然，你试一试啊！”

“我来推，开始！”

心形模样连接的积木依次倒下的样子在我们眼里就像无限的爱。

一步一步慢慢做

（1）拿着积木找到平坦的地面。

（2）把准备好的积木一个一个地立起来。开始的时候码一字形或者小圆这种马上就能完成的形状，然后一点儿一点儿地挑战高难度。

（3）摆好形状以后开始玩多米诺游戏，让孩子亲自推倒第一块积木。

这个游戏的效果

- 孩子每天会哭很多次，转移孩子的注意力可以使他停止哭泣。
- 如果给孩子买玩具，最好不要买已经成型的玩具，要买让孩子随心所欲发挥的玩具。比如，卡普拉或者天才四角积木这种玩具。利用这种玩具做游戏有助于提高孩子的注意力、平衡感和理解能力。

换个游戏怎么样

书隧道游戏（P7），堆卫生纸塔游戏（P48）

13.不用担心电磁波的电话

纸杯电话游戏

场所：客厅或房间
准备：两个纸杯、线、针
效果：发展语言能力，提高社会性和理解力
情况：孩子想拿电话玩的时候

随着孩子慢慢长大，他们开始学习周围人说话。孩子有特别喜欢的东西，就是电话。孩子不仅喜欢智能电话，对家里的普通有线电话和无线电话也很感兴趣。通过电话听传过来的声音，再把自己的声音传出去，电话对孩子来说真是超级神奇的东西。打电话是游戏，也是学习。

但是，总是给某个人打电话很失礼，和其他人通话的时候总是换人接听也很不礼貌。另外，电话会产生电磁波，想着孩子总和电磁波接触，心里也很不舒服。我们小时候经常玩纸杯电话游戏。**想一想“我小的时候都和父母玩过什么”，就可以想出很多能和孩子玩的游戏。生活的智慧既不是离我们很遥远的事物，也不是流行的事物。**

首先，准备两个纸杯、线，还有针。

“来，宰赫啊，我们今天做个专属电话好不好？”

“做电话？”

“是啊，做做看吧！我们现在把纸杯当成电话。”

“这是电话吗？”

“现在还不是，用针和线把它们连接在一起……线穿不进针眼里啊！”

“为什么进不去啊？”

“因为针眼太小了，要把这么粗的线穿进去真是太难啦！很小吧？”

“嗯。”

“宰赫，你能穿进去吗？”

“不能。”

“你知道骆驼吧？”

“嗯，骆驼的背上有水囊。”

“那骆驼进得去这个针眼吗？”

“应该很难吧？”

“嗯。”

虽然制作电话的时候聊起骆驼多少背离主题，但是我想把所有事情都讲给孩子听。别忘了，孩子的记忆力比海绵的吸收能力还强。

“好啦，现在线穿好了，用针穿透纸杯杯底，然后把线系好。这个是宰赫的电话，这个是我的电话。”

“已经做好了吗？这是电话吗？”

“是啊，把线抻紧，咱们离得远一些吧！”

“这里可以吗？”

“再远一点儿线才能抻紧啊！”

“往后，往后。”

“好了，再往后拽的话线会断的，可以了。”

“把纸杯放在耳朵上听听吧！”

“这样吗？”

“啊啊，喂。我是宰赫的爸爸，宰赫在吗？”

“爸爸，纸杯里有爸爸的声音！”

“很神奇吧？宰赫也像爸爸这样对着纸杯说话吧！”

“啊啊，您是谁啊？我就是宰赫。我有电话了，太好了。我爱爸爸、妈妈还有弟弟。还有，我好想爷爷和奶奶啊！”

“宰赫啊，爸爸什么时候说话啊？”

“现在说吧。”（宰赫啊，你得把纸杯放到耳朵上啊。）

“啊啊，知道了，这样才可以。”

面对孩子的时候要考虑到孩子的标准和想法。孩子不是小大人，1~2岁阶段还是对所有事物很陌生、不熟悉。可能就因为陌生和不熟悉，他们的好奇心才会很重。他们会反复一个动作直到满足自己的好奇心为止。他们很投入，所以花费的时间也很长。在孩子成长阶段留出空余时间等待他的成长，孩子会慢慢地长大。

一步一步慢慢做

（1）准备纸杯、针和线。

（2）用针在纸杯底穿出孔后，用线把两个纸杯连起来。

（3）说明使用方法，一个人说话的时候另一个人把纸杯放在耳朵上听，把线抻紧才能传递声音。

这个游戏的效果

- 纪录片《爸爸的怀孕》里说，大脑神经通路按照“感觉器官—听觉神经通路—大脑记忆通路”这样的顺序连接并发育。说话声先传到声音感觉器官——耳蜗的听毛细胞。一个说话声能刺激10个左右听毛细胞，说话声中的一部分转变成脉动（pulse）传达到听觉神经通路。不过，只有仔细听或者集中精力听的时候，说话声才会转变成脉动。因此，说话声直接影响感觉器官、中枢神经通路和大脑记忆通路的发育。
- 人出生后到36个月之前，大脑需要制造200%的突触（synapse）。所以，要特别注意孩子的前36个月，应该通过各种各样的游戏，用语言学习刺激孩子。电影《狼孩》中讲述了一个孩子在出生后36个月内没有学到人类的语言，虽然从6岁开始学习人类的语言，但学了8年都没有学好。因此，对孩子来说，3岁前的语言游戏很重要。

换个游戏怎么样

下班路上的打电话游戏（P18），手偶剧游戏（P72），保龄球游戏（P82）

14.今天堆几层呢

堆卫生纸塔游戏

场所：客厅
准备：卷纸
效果：培养平衡感和协调能力，获得成就感，提高注意力
情况：在超市买卷纸的时候

整理每周一次的购买物品时，孩子问我：

“爸爸，这是什么？”

“是卫生纸。”

“怎么这么多啊？”

“因为我们经常用啊！”

“我们用它做什么啊？”

“食物溢出来的时候或者擦脏东西的时候都会用到它，还有……我们还能用它做堆塔游戏！”

卫生纸一般以10卷为一提的形式出售，足够做堆塔游戏了。虽然长相圆鼓鼓的，但是很容易在平坦的地面上堆起来，而且质量很轻，就算倒下来也不会弄疼孩子。

小贴士

孩子长大了也能玩吗

4~5岁的孩子可以用体积小一点儿的饮料罐、牛奶盒以及硬币做堆积游戏。

“咱们试试谁堆得更高怎么样？”

“嗯，肯定是我堆得更高。”

“哦？倒了。没关系，重新堆一次吧！”

“爸爸，为什么总是倒呢？”

“你看这儿，得让它们相互平衡才不会向一边倒。”

“这样吗？”

“对，做得很好！”

“哇，爸爸，我的塔建成了！”

“是吗？让我看看！1、2、3……有7层呢！堆得好高啊！再堆一个更帅气的塔怎么样？”

只要掌握好平衡，卫生纸塔就可以堆得无限高。开始的时候把目标定得低一点儿，再逐渐增加高度。现在，孩子的个头还很小，如果够不到高处就给他拿个椅子，让他在椅子的帮助下大展拳脚、尽情挑战。通过这个游戏，不仅能让孩子明白伸手够不到的地方要利用其他工具帮助自己，还能增加他们的成就感。

用卫生纸做游戏不一定非得把卫生纸堆得有多高，像玩积木一样用它们做出各种各样的塔或者城墙也可以。当然，游戏结束后要好好指导孩子把卫生纸恢复原样。

一步一步慢慢做

（1）购买卷纸卫生纸。

（2）开始堆卫生纸塔。

（3）掌握平衡，不要让塔倒下，如果倒下来就鼓励孩子重新来一次。

这个游戏的效果

- 通过反复做堆塔游戏，不仅能够培养孩子的平衡感，还能促使他尽全力不让塔倒下去。通过这个体验他们可以了解到什么是重心。
- 通过反复做堆塔游戏，能够提高孩子的注意力，目标越高注意力越集中，非常有助于精神散漫的孩子改善性格。

换个游戏怎么样

书隧道游戏（P7），多米诺游戏（P41）

15.手里的泡泡一滴一滴

泡沫游戏

场所：浴室的洗脸池

准备：肥皂

效果：稳定情绪，通过触觉使孩子体会到幸福感，培养创造力

情况：孩子讨厌洗手的时候

开始的时候，只要是水，不管是洗手水、洗澡水还是泥水，孩子都无条件喜欢。可是，孩子越大越讨厌清洁，他们总是觉得清洁很麻烦，尤其是外出回来不喜欢洗手，睡前不喜欢洗漱。如果想防止这种情况发生，就要让孩子形成一种认识——浴室是享受快乐的地方。做完这个游戏后，孩子总是想洗手，每天要洗8次左右。孩子觉得水和肥皂的触感很好，坐便器冲水的声音也很好，所以总想去。

“来，刚从游乐场回来，咱们去洗手吧？”

“我讨厌洗手。”

“不洗手的话，手上会生虫子的。”

小贴士

怎样养成孩子的排便习惯

一般从18个月开始可以进行排便训练，直到形成习惯为止，父母最好陪在孩子的身边。男孩子反复模仿爸爸的样子，女孩子反复模仿妈妈的样子，自然而然的表现有助于孩子养成习惯。

“虫子？”

“嗯，洗手才能把虫子消灭掉。”

“骗人，我才没看见虫子呢！”

“那些虫子很小，用肉眼看不到，以后爸爸抓一个让你看看。我得去玩抓虫子的泡沫游戏了！”

“泡沫游戏？我也要玩！”

“那你像爸爸这样做吧！如果想搓出很多泡沫就得蘸点儿水，用肥皂嚓嚓嚓，嚓嚓嚓。怎么样？是不是搓出了很多泡沫？”

“嗯，我也搓出了很多泡沫。”

“我们现在做肥皂泡泡啊。”

“怎么做呀？”

“适当蘸水和肥皂，稍稍打开手指缝后吹一下试试。”

“哇！肥皂泡泡飞起来啦！”

这样做，讨厌洗手的孩子也会在游戏中开心地洗手了。如果对讨厌洗手的孩子大喊大叫或者责备的话，他们会更讨厌洗手，所以试试这个方法吧！可以和孩子比赛，看谁搓出来的泡沫多，也可以用泡沫做雪人、云朵、动物等事物。不过，游戏过程中请注意，破裂的肥皂泡不要溅到孩子的眼睛里，也不要用手搓脸蛋。

一步一步慢慢做

（1）和孩子一起去浴室。

（2）用蘸水的手搓出泡沫制造肥皂泡，让孩子自然地享受清洁的乐趣。

（3）游戏结束后一定要用水将手洗干净。

这个游戏的效果

- 泡沫游戏能让孩子体会到泡沫的柔软触感。
- 利用随意变化的泡沫能表现出各种各样的形状，可以无限培养孩子的创造力。

换个游戏怎么样

滴溜滴溜，浴缸游戏（P98）

16.你为什么跟着我走来走去

影子游戏

场所：游乐场、空地等
准备：镜子、阳光
效果：刺激孩子的好奇心，培养孩子的观察力和表现力
情况：孩子对影子感兴趣的时候

下午，我和孩子散步的时候，他发现了自己的影子。

“爸爸，那是什么？为什么一直跟着我们啊？”

“是影子。”

“什么是影子？”

“那边不是有阳光吗？我们挡住了那边的阳光，所以后面出现了阴影，阴影就是影子。”

“好神奇啊！我一动它就跟着我一起动。”

“爸爸的影子和时熏的影子握手怎么样？”

“怎么握啊？”

“就是让影子和影子握手啊，把手这样伸到前面来吧。”

“这样吗？”

“让时熏手的影子抓住爸爸手的影子，然后晃一晃。”

“影子真的握手了！”

“现在我们玩踩影子游戏好不好？影子先被踩到的人就输喽！”

“开始！”

“啊，好疼啊！你踩到爸爸的手了！”

“真的很疼吗？”

“吓到了吧！我在跟你开玩笑呢！”

踩影子游戏时，孩子会完全陷入游戏中，选择没有障碍物的场所很重要，以免孩子撞到周围物品或被车撞到。

另外，不一定非得在有阳光的室外才能玩影子游戏，在家里，利用灯光在墙面上也能形成影子。可以用手做出动物的形象或者用身体摆出数字、文字等形象。这个游戏有助于孩子打破固有观念，培养他们的创造力。

晚上，正要去吃饭的孩子突然发现客厅的灯光下有自己的影子。在此之前，他一直都没发现，而经过下午的踩影子游戏他认出了影子。

“咦？家里也有影子啊？”

“在家里也能做影子游戏，你想玩吗？”

“怎么玩啊？”

我把书桌上的台灯拿到客厅来，为了使影子看得更清楚，我关了客厅的大灯。

“你猜猜这是什么？”

“兔子？小狗？爸爸是怎么做到的？”

狗、狐狸、鸡、兔子、老鹰等是孩子一眼就能认出来的动物，用简单的手部动作依次把它们表现出来。虽然做得不是特别像，但孩子也一个个地跟着做了。不是说“手是第二个大脑”吗？用手表现出各种物体和动物的游戏既有趣，又能使孩子的创造力得到发展。

孩子自身看过的东西越多，就越能表现出丰富多样的形象，父母在身边要适当给予表扬。孩子会逐渐探索方法，借助父母的帮助制造出更加复杂精巧的影子形象。但是，如果父母表扬孩子后，指挥孩子做这个做那个的话，反而会使他们的创造力下降。

一步一步慢慢做

（1）孩子对影子产生兴趣。

（2）用影子做出各种不同形象。

（3）在家里利用灯光做手影游戏。

这个游戏的效果

- 影子是阳光无法穿透事物时产生的一种光学现象。父母可以尝试通过这个游戏告诉孩子，根据太阳的高度不同，影子的长度也不同。正午时分的影子最短，正午过后影子会逐渐变长。
- 如果孩子很享受手影游戏带来的乐趣，就会促使他们为了创作出更多手影去观察其他事物，从而培养他们的观察力。

换个游戏怎么样

手偶剧游戏（P72）

17.获胜的人再上一级

上台阶游戏

场所：有台阶的地方
准备：台阶
效果：愉快地运动，自然地熟悉数字，形成挑战意识
情况：在外面等人或时间充裕的时候

大家恋爱的时候应该都做过那个游戏——石头剪刀布，赢的人往上走一个台阶。现在回想起来虽然有些肉麻，不过婚后想和孩子一起玩这个游戏。这不禁让自己回忆起过去，再看见台阶时连我自己都很惊讶，怎么能和孩子玩这个游戏呢？此时，暂时放下“父母”一词带来的沉重包袱，反正已经成为父母了，像和孩子恋爱一样做游戏，既能使父母乐在其中，也能带给孩子快乐。

“哇，台阶好宽啊！”

“我们数数有多少级台阶怎么样？”

“嗯。1、2、3、4、5、6、7、8、9、10。”

“再数一次！One，two，three，four，five，six，seven，eight，nine，ten.”

“爸爸，再数一次吧！”

“好，1、2、3、4、5、6、7、8、9、10。”（此处爸爸说的是中

文。——编者注）

“爸爸，再数一次吧！”

“好，1、2、3、4、5、6、7、8、9、10。”（此处爸爸说的是日语。——编者注）

孩子好像很容易厌倦同一种游戏，不过他们喜欢如此简单重复的游戏。不要反复一模一样的动作，像我这样加入一些变化，可以让孩子更感兴趣。宰赫也是通过这种学习游戏的巨大影响，才自学掌握了四国语言的。语言是反复的东西，是一种习惯。

不只是单纯地数台阶，要结合石头剪刀布游戏一起玩。

“我们通过石头剪刀布来一场上台阶比赛怎么样？”

"怎么比啊？"

"我们玩石头剪刀布，赢的人上一层台阶。"

"明白了，石头剪刀布！赢啦！"

"宰赫要先上一层哦！"

这个游戏在公寓、公园，还有百货商店等任何有台阶的地方都可以玩。我建议大家在等人的时候做这个游戏，既可以安抚因等待而感到厌烦的孩子，又能充分利用这段时间做运动。**而且孩子每次赢的时候都能体会到成就感，促使他们形成挑战精神。输的人只能原地不动，所以孩子还可以学习到正确的胜负观。**

一步一步慢慢做

（1）寻找周围有台阶的地方。

（2）通过石头剪刀布分胜负，赢的人往上走一个台阶。

（3）用各种不同国家的语言数数也不错。

这个游戏的效果

- 因为是通过石头剪刀布分胜负的游戏，让孩子明白输的人要为赢的人让步，使孩子自然地想在胜负中取胜。

换个游戏怎么样

按数字游戏（P31），自动扶梯游戏（P61）

18.熟悉上下的概念

自动扶梯游戏

场所：百货商店和大型超市等有自动扶梯的地方
准备：自动扶梯
效果：熟悉层的概念，培养平衡感，减轻对尝试新事物的恐惧感
情况：在百货商店或大型超市买东西的时候

孩子每天都缠着要出去玩，百货商店和大型超市对孩子来说，的确是个近距离外出的好选择。不过，不能总是让孩子在他们喜欢的玩具专柜前徘徊。我意外地发现，百货商店和大型超市一样都有自动扶梯，而这可以让孩子了解空间上下的概念。如果孩子不是很小，就把他从婴儿车或者购物车里抱出来，让他走几步路吧！

“时熏啊，今天边走边看啊。来，牵着爸爸的手。

“这里写着‘B1’呢！Basement one，是地下一层的意思。我们要去的地方是2层，那么我们应该下去还是上去呢？”

“上去！”

“好，我们上去吧！我们要靠右站，并抓紧扶手。咱们比一比谁站得更稳啊，看看是时熏摔倒还是爸爸摔倒！”

“我站得更稳，我是不会摔倒的！”

“是吗？爸爸会一直看着你的。”

“咱们上去以后地面上会写着什么数字呢？时熏，你觉得地面上会写什么数字，是1还是2？”

“1。”

“你怎么知道的？”

“因为没有0层，当然是1层了！爸爸真是的！”

就这样，虽然孩子第一次乘自动扶梯的时候有些害怕，但现在已经能完全掌握平衡了，站在上面的样子也很自然。所有孩子都一样，第一次接触新事物时需要摸索。无论是自动扶梯还是滑梯，只要是有高低落差的地方，第一次肯定会有些害怕。不过，经过摸索，孩子会带着勇气挑战。**当孩子自己做好心理准备时，给他打气，让他勇敢地行动起来，满足自己的好奇心吧！这样，挑战就变成了游戏，孩子可以在小游戏中体验到大成就感。**

和孩子一起玩的时候，不要对孩子第一次接触到的事物一味地提问，提出问题的同时给出客观答案比较好。从地下1层上来是不是地上1层？不管是地下还是地上，1层都是第一个数字，1层的上一层是2层，如此给不知道概念的孩子提出两个答案，诱导孩子自己思考说出答案。当然，在此之前，在百货商店、大型超市，还有公寓等地方上下时，做过

1、2、3……数层游戏更好。

一步一步慢慢做

（1）要对第一次乘自动扶梯的孩子说明安全乘自动扶梯的方法，一定要用手抓紧扶手。

（2）因为可以看到自动扶梯上下移动的过程，所以能让孩子明白层的概念。这时再给他讲1层和地下的概念时就容易多了。

（3）平时，利用家附近的台阶也能帮助孩子认识“层”的概念。

这个游戏的效果

- “吃一堑，长一智”，这是中国的俗语。虽然成年人对自动扶梯很熟悉，但对第一次乘扶梯的孩子来说是一次新冒险、新体验。孩子可以通过新体验体会世界。
- 这个游戏有助于孩子的认知和社会性发展，还可以熟悉速度概念。
- 即使是短暂的外出，也要以孩子没体验过的事物为主，让孩子接触没接触过的东西。

换个游戏怎么样

按数字游戏（P31），上台阶游戏（P58）

19. 1350号在哪里呢

找车牌号游戏

场所：公寓和大型超市等有停车场的地方
准备：驻车的车牌号
效果：熟悉数字的概念，提高观察力和注意力
情况：短暂外出或在停车场等待的时候

孩子有时会扯着父母的胳膊嚷着要出去玩。有一个游戏很适合不能走远，在家附近转悠或者在停车场等人的时候玩。这就是找车牌号游戏。

“宰赫啊，你看，汽车上有个白蝴蝶在飞呢！”

“真的有只蝴蝶啊！可是那只蝴蝶在干什么？”

“蝴蝶在读那些汽车的车牌号呢！”

“车牌号？”

“是啊，汽车前后都有数字对吧？那就是车牌号，我们玩找车牌号游戏好不好？”

“怎么做啊？”

“爸爸读车牌号，宰赫去找。然后宰赫读车牌号，爸爸去找。谁找得多谁就获胜。”

“爸爸先说吧，我去找！”

因为两侧都有车来往，做这个游戏的时候要牵着孩子的手，如果孩子很小就抱着他玩，以确保安全。最好读出孩子视线范围内的车牌号，这样孩子才能迅速找到，增强自信心。

“2594？”

“就在前面！”

“3940？”

“那里！”

“2948？”

“在那前面！”

“1350？”

“嗯，在那里！”

“咱们倒过来怎么样？这次宰赫读车牌号吧！”

在停车场玩这种游戏时一定要特别小心来往车辆，最好选择车辆通行较少的时间段，地上停车场比地下停车场更安全。车辆进进出出的时

候，要培养孩子对车辆的警惕心，进行交通事故预防教育。如果孩子还小不认识数字，却想马上做这个游戏的话，可以猜车的颜色和种类，或者找和爸爸一样的车。

一步一步慢慢做

（1）和孩子一起去停车场。

（2）沿孩子的视线方向读车牌号。

（3）尽量让孩子可以轻松地找到车牌号。

这个游戏的效果

- 英才们有一个共同特征，就是从小对数字很敏感。年纪小的时候，经常让孩子自然地接触数字有助于促进大脑发育。
- 每年发生的交通事故有很多。孩子接触车前，要经常边看着停在停车场的车辆，边给他进行交通事故预防教育，这很重要。

换个游戏怎么样

按数字游戏（P31）， 在背上写数字游戏（P183），号码牌加法游戏（P219）

Part 2

体验游戏——让五感均衡发育

做游戏可以让孩子开始了解世界，特别是3~4岁的孩子处于体能、社会性、认知能力、语言能力、创造力等突出发展的阶段。这个阶段的孩子各种经验不足，所以要依靠成年人一起玩游戏。此时，父母和孩子一起做游戏，刺激他的各种感觉，使孩子的情绪、大脑、大小肌肉均衡发展。尽量给孩子主动体验各种游戏的机会，这可以使孩子的感觉和身体器官得到惊人发展。所有体验保存在大脑中，使孩子成长为积极行动、和朋友融洽相处、理解能力强、感情丰富的孩子。

1.嘣嘣嘣，弹起来

多种多样的气球游戏

场所：家里或者没有风的地方
准备：气球、线、透明胶带
效果：增强瞬间反应能力，提高注意力，发育大肌肉，提升想象力
情况：生日派对后，有剩余气球的时候

宰赫生日那天，我们夫妻俩为了给他布置生日派对，一大早就开始吹气球。当孩子看到客厅里布满了五颜六色的气球时，眼睛睁得圆圆的。愉快的生日派对结束后，总不能把天花板上的气球直接摘下来扔掉吧？

“给我一个气球吧！”

“给。”

宰赫拿着气球玩，气球像篮球和排球一样咚咚咚地弹起来了。宰赫还小，不太会玩，有两次差点儿被绊倒。

“我不会玩啊！”

“不要太用力拍，轻轻地拍。多练习练习就会玩了。”

孩子想和气球玩，可是气球总是逃跑，孩子便追着气球到处跑。不知道什么时候，可能是因为孩子注意力集中了，拍气球的次数由两次到三次、再到五次，逐渐增加。就这样，孩子的注意力和瞬间反应能力立刻提高了。

开始的时候用手拍球，后来可以用小棍子或者羽毛球拍玩，也可以用雨伞玩高尔夫游戏。气球的质量比真球的质量轻，即使在家里玩也不会发出很大声音，而且几乎不存在把东西打碎的可能性，就算打到孩子也不会很疼，所以气球是一种非常好的游戏道具。

还有一个游戏！用透明胶带把气球口贴在地面上，像打沙袋似的打着玩，气球就像不倒翁一样总会回到原位。这个游戏有助于孩子的肌肉发育。反弹回来的气球不但不会打疼孩子，还能让他们咯咯发笑。

扔气球的时候要稍等！让孩子看到“泄气的气球”。偷偷地把气球吹起来后不要系上，装作要递给孩子的瞬间放开气球。发出泄气声音的气球像火箭一样飞了，孩子的笑声会比火箭飞得更高。

一步一步慢慢做

（1）孩子生日那天在客厅挂上气球。

（2）生日派对结束后用手和脚使气球弹起来。熟悉游戏以后，用其他方式玩也能让孩子很开心。

（3）吹起气球后，在没有绑上的状态下递给孩子的同时，放开气球的吹起口，气球就会像火箭一样飞出去了。

这个游戏的效果

- 拍气球是利用全身活动的游戏，孩子会努力不让气球掉在地上。这个游戏可以培养孩子的瞬间反应能力和注意力。
- 生日派对结束后，活用派对上用过的气球，继续做游戏。回味派对的感觉更容易使孩子兴奋，这样做可以使孩子保持积极向上的心态。
- 用一个玩具（气球）做丰富多样的游戏，可以培养孩子的表现力和想象力。

换个游戏怎么样

保龄球游戏（P82），呼啦圈游戏（P193）

小贴士

怎样玩氦气球

在游乐场售卖和做活动时使用的气球一般都充入氦气，如果不用线把吹气口绑住，气球很容易就会飞走。用长线绑住气球挂在手腕上就可以像放风筝一样玩，还可以玩许愿游戏。

把气球递给孩子时，对他说："许个愿望，如果气球飞向天空，你的愿望就能实现了。"即使是还小的孩子听到这句话，也会立刻闭上眼睛真诚地许下心愿。这样做能给孩子更多时间思考自己想要什么，让孩子带着丰富的梦想和希望成长。

2.把孩子培养成故事王 手偶剧游戏

场所：客厅
准备：手偶
效果：刺激触觉和视觉从而丰富情感，发展语言能力，刺激想象力，提升创造力，与他人能形成感情纽带
情况：买手偶的时候，或者坐在车里移动的时候

电视里的手偶剧令孩子看得津津有味，我给喜欢手偶剧的孩子准备了手指玩偶和手偶。每当我们家有新玩具或新玩偶时，都会给它取名字，连花盆都有自己的名字，因为给新游戏伙伴取名字的过程就是一种游戏。特别是手偶等具有柔软触感的缝制玩具，它们有助于使孩子得到安全感，如果给它们取了名字，它们就能变成孩子“分享心事”的对象。

“我们给这个手偶取什么名字呢？”

“叮咚怎么样？”

“为什么叫叮咚啊？”

“我们不是看到叮咚叮幼儿园以后才买的叮咚吗？而且快递叔叔给我们送叮咚的时候，门铃也发出了‘叮咚’声。”

“原来是这样啊！那我们就叫它叮咚吧。不过，叮咚这一路上辛苦了。”

“叮咚为什么会辛苦啊？”

“被包装包成这样，又在运输途中磕磕碰碰的，当然会辛苦了。”

“没关系，它又不是人。”

“如果你认为叮咚是个手偶那它就只是一个手偶，如果你把它当真正的朋友，也许有一天它会在梦里和你说话呢！”

“真的吗？”

孩子的耳朵竖了起来。

“当然了，是真的，对吧，叮咚啊？”

现在是正式为孩子表演腹语的时刻。把手放进叮咚里，让孩子以为好像是叮咚在说话。

“叮咚啊，一路上吃了不少苦吧？”

“嗯，好黑好黑，好害怕啊！而且我要渴死了，可不可以给我喝点儿水啊？”

孩子看了我一眼扑哧地笑了，他对叮咚说：

“你不是手偶吗？手偶也喝水吗？”

“虽然不能真喝，装作喝也能解渴。”

“是吗？等一下，我去给你拿。”

孩子真的拿来了一杯水给叮咚，装作喂给叮咚喝。

“怎么样？现在不渴了吧？”

“嗯，谢谢你。你叫什么名字啊，你怎么知道我的名字的？”

“我叫时熏，你的名字是我们全家给你取的，叫叮咚。”

“谢谢，你们家一共有多少人啊？”

“我们家有爸爸、妈妈、哥哥，还有我，一共4个人。你们家里有多少人啊？”

“我们家也有4个人。妈妈在首尔，爸爸在釜山，还有一个妹妹在仁川，呵呵。”

“原来你们家人不在一起啊！别担心，现在你也是我们家的人了。”

“谢谢你把我当成家人。”

孩子和叮咚说话的时候，就像和朋友聊天一样非常投入，展开了想象的翅膀。**孩子3~4岁的时候，他们的模仿能力很强，也非常喜欢学习新单词。手偶有助于孩子学习各种各样的单词，并逐渐培养孩子的造句能力。**

“时熏啊，咱们吃饭吧，我饿了。”

听到叮咚的话后，最近厌食的时熏不但吃了整整一碗饭，还把牙齿刷干净了。因为孩子与游戏伙伴的纽带感很强，所以像

小贴士

变成老朋友的手偶

因为手偶不会使孩子受伤，所以从孩子1~2岁开始，它就是一种好玩具。不过，太小的孩子因为词汇能力不足，很容易气馁，所以开始的时候要以父母为主导做游戏，渐渐地，等孩子自己拿着手偶玩以后，在孩子身边以辅助插话的形式做游戏更好。

时熏一样，通过玩偶连刷牙和吃饭等自己讨厌的事情都做了。

一步一步慢慢做

（1）购买孩子喜欢的手偶。

（2）让孩子给手偶取名字。

（3）用腹语制造与手偶对话的场景，通过对话培养孩子的词汇能力和想象力。

这个游戏的效果

- 手偶剧游戏非常有助于增加孩子的词汇量和培养孩子的造句能力。通过游戏过程，既可以增强孩子的想象力，也可以读出孩子的想法。
- 不只是手偶，如果孩子也能和其他玩具成为好朋友的话，可以诱导孩子自发地去做自己平时不做或不喜欢做的事情，还能让孩子理解他人、关心他人。
- 手偶很轻，方便携带，所以不分年龄，出远门或在汽车里时都可以玩。

换个游戏怎么样

下班路上的打电话游戏（P18），纸杯电话游戏（P44）

3.买东西吧 市场游戏

场所：客厅
准备：出售的物品和假钱
效果：学习物品的用途，提高语言能力，学习钱的用途和买卖方法，形成积极性
情况：从市场回来后，对市场产生好奇心的时候

看有关市场的书时，孩子问我：

“爸爸，谁在市场买东西？谁在市场卖东西啊？”

“拥有物品的人卖东西，需要物品的人买东西。爸爸和宰赫也要通过买卖物品才能生活。”

“哦，那我们玩市场游戏吧！”

“好啊，谁卖东西啊？”

“我想卖东西。”

“你有要卖的东西吗？”

“当然了，我有很多呢！”

为了玩市场游戏，孩子到处收集物品，还用积木做了摩托车和人造卫星。在市场里卖人造卫星的确有点儿可笑，不过谁能肯定以后没有呢？所以，千万别用成年人的思想判断“可以”或者“不可以”。好像过了20分钟左右，宰赫已经把要卖的东西整齐地摆在桌子上了，他喊道：

“来买东西啊，来买东西啊！

“应有尽有啊！顾客，您需要什么？”

“嗯，我想和孩子一起读书，给我一本有趣的书吧！”

“好，我读过这本书，您也读一读吧！”

孩子把《被蚊子咬了的怪物王》递给我。

“这本书讲了什么故事？”

“如果提前知道书的内容就没意思了，回去和孩子一起看吧！”

“多少钱啊？”

“1000元。”

“是不是太贵了啊？”

“这本书真的很有意思，所以才有点儿贵。无聊的书100元一本。”

“如果没意思，我会来换的。”

“不可以换。”

“别的店都可以换啊，为什么你这里不可以呢？”

“哪家给您换了？”

“百货商店的服装店就给换啊，在市场买的土豆坏了的话也能换啊！”

“买的时候不买坏土豆不就行了吗？”

“可是，土豆得剥皮以后才能知道坏没坏。”

“啊，好吧，我会给您换的。”

孩子很会做生意吧？就这样，我和孩子成交了。

一步一步慢慢做

（1）孩子对市场感兴趣。如果孩子不懂什么是市场游戏，就带他去一次传统市场看看吧！

（2）利用从书和传统市场得到的经验做市场游戏吧！制作纸钱用来玩游戏。

（3）市场游戏可以顺其自然地形成经济教育。

这个游戏的效果

- 通过市场游戏让孩子了解怎样交易，以及钱可以表现出物品的价值，是商品交换的媒介。
- 做市场游戏时，通过解释物品的使用方法和讨价还价，使孩子的能力像被修剪的树枝一样延伸出去。通过与对方讨价还价，培养孩子形成为他人着想的思维方式和习得交流的技术。

换个游戏怎么样

猜东西游戏（P85）

4.今天 我是篮球王

报纸篮球游戏

场所：客厅
准备：报纸
效果：发育大肌肉，提高成就感
情况：家里有旧报纸的时候

虽然网络和电子书已经普及，但我们家还在订阅报纸，因为纸质报纸可以阻止信息的偏颇。孩子从小就开始用报纸玩找数字游戏和画画游戏。可能是因为孩子一直拿着报纸玩，虽然现在已经上了小学，但还是很喜欢报纸。

不过，纸质报纸有个弊端，积累了几天后它们就会把家里变得乱七八糟。有时，看到没有地方下脚的客厅真令人目瞪口呆。虽然整理报纸用不了多长时间，而一边整理报纸一边和孩子做游戏不是更好吗？

对孩子提议说：

“宰赫啊，我们把球投进篮子里比赛啊？”

“晚上也可以打球吗？”

“我们把报纸做成球就行了啊！我们把一张报纸揉成圆团后扔进篮子里，肯定会很有趣！”

“哇！给我报纸，我们比赛吧！”

“投进次数多的人获胜。”

就这样，我们开始把报纸揉成团，往篮子里扔。

“我扔进去一个了！”

“是吗，真棒！唉，爸爸没投进去。”

“哦耶！我又投进了一个。”

这个游戏既能使孩子开心，又能把客厅整理得干干净净，真是一举两得。

一步一步慢慢做

（1）把报纸撕开或者揉成一团做成报纸球。

（2）把报纸球像篮球一样投进篮子。

（3）直到整理报纸完毕，游戏结束。

这个游戏的效果

- 报纸篮球游戏可以自然地锻炼孩子的情感调节能力和力量。韩国人抓着方向盘的时候，情感调节能力特别差。一个研究结果表明，有的司机说：“因为看到别人的车插到自己车的前面，所以才施行暴力的。”这正是他们小的时候没有充分练习力量和情感的调节造成的。

换个游戏怎么样

报纸打雪仗游戏（P34），摇摆游戏（P143），在报纸上找名字游戏（P174）

5.咕噜咕噜

酸奶瓶 保龄球游戏

场所：客厅
准备：空酸奶瓶
效果：减轻压力，提高注意力和成就感，发育大肌肉，发展具有创意性的思考方式
情况：有很多空酸奶瓶的时候

家里每天都有乳酸菌饮料的空瓶产生，可以直接扔进二次利用回收桶里，也可以用空瓶做各种游戏。这些空瓶既能做堆积游戏，也能做保龄球游戏。

“宰赫啊，咱们玩保龄球啊？”

“保龄球是什么？”

宰赫还没玩过保龄球，我先在网络上给他看了一次，孩子立刻就对保龄球产生了兴趣。

“可是我们家没有保龄球啊！”

“做一个就行啦！这些

小贴士

孩子只想出去玩，怎么办

宽敞的空间比狭窄的空间更有利于孩子的情绪，因为在宽敞的空间里做游戏或活动可以使孩子情绪放松，放松后可以使孩子产生更多照顾他人的想法。给孩子一个宽敞明亮的生长环境很重要，能证明这一点的事例很多。运营儿童之家时，我遇到过一件事。有一对双职工父母平时要上班，基本没有时间和孩子玩，到了周末又因为太累只和孩子在家里待着。3年里，孩子除了去儿童之家外一次都没有外出过。渐渐地，孩子看到陌生人就会感到非常恐惧，去黑暗地方的念头想都不能想。这就是一个证明孩子的成长环境非常重要的事例。

酸奶瓶就能做。”

“这个能打保龄球？”

“当然了。”

10个空酸奶瓶就像保龄球瓶一样立着，我又把塑料球从玩具箱里拿出来当作保龄球。

“把球滚出去撞倒瓶子就行了，好好看，就这样……”

“哇，撞倒了5个呢！”

“把它们重新立起来，这次宰赫试试吧！”

“好好玩哦，我要开始喽！”

开始的时候，宰赫的球总是向别的地方滚，不过试过几次以后就玩得很好了。

“哇，全都倒了，好球！”

“我赢了！”

就这样，宰赫用空酸奶瓶高兴地打了几年保龄球，后来他去真的保龄球场时，非常喜欢玩儿童保龄球。和父母一起玩保龄球会成为孩子的

回忆和力量。

一步一步慢慢做

（1）酸奶喝完后，收集干净的空瓶。

（2）把酸奶瓶立起来后，玩保龄球游戏。

（3）打听能和孩子一起打保龄球的实际场所，让孩子积累实战经验，享受游戏带来的快乐。

这个游戏的效果

- 用酸奶瓶玩保龄球游戏既可以培养孩子的创造力，又可以活用可回收物品。近来，公司面试新员工时，会要求应聘者利用周围的物品制作东西，或者用指定工具完成某种形状。让孩子从小就利用身边的物品随心所欲地制造自己想要的东西，有助于锻炼孩子熟悉这种方式。
- 保龄球是一项有益的身体游戏，在室内也可以使大肌肉得到发育。孩子为了撞倒保龄球瓶付出努力的过程，可以提升其早期调节能力。当然，这也能使孩子产生求胜心。

换个游戏怎么样

书隧道游戏（P7），纸杯电话游戏（P44）

6.这次会出来什么呢 猜东西游戏

场所：厨房
准备：装着商品的箱子
效果：刺激触觉，增强想象力，刺激好奇心
情况：从超市回来整理物品的时候

我们偶尔带孩子去超市，一边买东西一边告诉孩子商品的名字。虽然孩子还不识字，但可以把要买的商品名称说出来，一件一件地放在购物车里。**将物品和名称相互结合，留在大脑里，等孩子熟悉它们以后，学字也会比较快。**

“香蕉、黄瓜、辣椒、大蒜、豆腐、鸡蛋、萝卜、青花鱼、猪肩肉、牛奶、酸奶、打糕、葡萄汁、菠菜、洋葱、大葱、紫菜、苹果……”

一次买东西的时候，孩子把放在购物车里的东西一件不落地看了一遍，熟悉了它们的名字。回到家后，正想打开袋子的我停住了。

“我们玩猜东西游戏怎么样？”

“怎么玩啊？”

“把手放进袋子里，猜猜摸到的是什么东西，好不好？”

在超市和孩子买东西的时候就已经给孩子做了充分暗示。孩子把头扭到后面，把手放进袋子里。

“我摸到的是牛奶，我要拿出来了。”

“哇，对啦！该爸爸猜了。”

“您要把什么东西拿出来？”

“我要拿香蕉。”

我在袋子里摸来摸去最后抓住了香蕉。

“哇，到我啦！我想摸到打糕。咦？打糕跑到哪里去了？下面应该有纸，上面应该是软乎乎的啊……找到啦！”

孩子找了好久才把打糕找到。

“这次我要摸到黄瓜！”

可是，孩子却把辣椒拿了出来，他脸上失望的表情一览无余。

“黄瓜和辣椒都用塑料袋包着，所以才会拿错的。”

“原来是这样啊，它们外表差不多，但实际上是不一样的。当你遇到这种情况的时候应该感受一下它们的重量。”

“对哦，黄瓜比辣椒重多了。”

孩子的眼神告诉我，他已经明白了。连和孩子一起买的东西都能做游戏，生活游戏真是无所不在。

一步一步慢慢做

（1）和孩子一起买东西。

（2）给孩子看购买目录，让孩子知道需要买什么。

（3）回到家后，把手放进袋子里，说出物品的名称，然后拿出来确认。

这个游戏的效果

- 不看只摸从超市买回来的物品，有助于发展孩子的触觉和想象力。孩子可以更加细致地感受柔软和坚硬的程度，还可以估量轻重，自动培养长期记忆力。

换个游戏怎么样

市场游戏（P76），洞穴游戏（P260）

7.总是好奇书里有什么 找巧克力游戏

场所：客厅或者孩子的房间
准备：巧克力或口香糖等扁平的食物、书
效果：与书亲近，产生好奇心
情况：对书感兴趣的时候

让孩子喜欢书是需要动机的。内容有趣是其中一个重点，另外，对不识字的孩子来说，童话书里的漂亮图片和照片，还有给孩子口述童话的父母的声音也很重要。打开书时，如果有孩子喜欢的口香糖或者巧克力等东西在里面，会怎么样？他一定会再打开一本书，第二天也还会这样。我们因为在不穿的衣服兜里发现纸币、在书里偶然发现丈夫的“小金库”、在家具下面发现结婚戒指，就会翻遍整个书柜或者突然大扫除。孩子也一样，巧克力就是吸引孩子的道具。如果孩子最近不喜欢看书，就试试这个办法吧！

“宰赫啊，昨天晚上我做了一个梦，梦见宰赫看的书里有巧克力和口香糖。这个梦是不是很神奇？”

“好神奇啊，如果梦是真的就好了。”

“也许真的有呢！”

“那不是梦吗？书里怎么会有巧克力呢？”

"谁知道呢，你去看看吧？"

"唉，没有。"

孩子不相信。

"梦里明明就是这附近啊！"

我把书拿过来，装着找巧克力，孩子好奇地看着我。接着，我们发现了提前被藏好的巧克力。

"宰赫啊，你看，梦是真的吧？"

"真的吗？我也要找一找。"

孩子翻了好一阵子，找到了几块口香糖和巧克力。

"书里怎么会有吃的东西呢？"

"如果宰赫喜欢读书的话，说不定能在书里找到更好的东西呢！"

宰赫满脸期待的表情对我说："我要去找找别的书！"

一步一步慢慢做

（1）把孩子喜欢的巧克力和口香糖藏在书里。

（2）和孩子一起翻书，装作自己也是偶然发现食物的。

（3）一边吃零食，一边聊一聊书的话题。

这个游戏的效果

- 书是孩子的终身伴侣，是孩子的老师，也是为孩子指明人生之路的指南针。在孩子的潜意识里种一颗喜欢书的心吧！在潜意识里种下喜欢书的心，使孩子对书产生好感，孩子会成长成一辈子都喜欢书的人。
- 从小开始积累经验才能多样思考。亲身经历固然很重要，但如果无法亲身经历，也可以通过间接经历，让孩子与书亲近便是最好的方法。

换个游戏怎么样

书隧道游戏（P7），系列丛书整理游戏（P177）

8.万能的脚趾

脚趾捡东西游戏

场所：家里
准备：两只脚
效果：均衡发育小肌肉，产生成就感
情况：对自己的身体和能力感兴趣的时候

“爸爸，脚指头为什么不能像手指头一样抓东西呢？”

“我们试试脚趾到底能不能抓东西啊。”说着，我用脚趾使劲把一本比较薄的书举了起来。

“为什么我不行呢……”

“我看看，抓什么呢？把那本书举起来怎么样？应该没问题的。”

“哇，好神奇啊！我也要试试！”

孩子看到我用大拇趾和二拇趾把书夹了起来非常兴奋，不过孩子的脚还小，暂时做不到。

我又对孩子说：“你的脚现在还小，脚趾没有足够的力量把书夹起来。先用两只脚把薄一点儿的书夹起来好不好？”

孩子用双脚依次把书、手机、笔记本、圆珠笔、手绢举了起来。用脚趾夹东西对孩子来说有些难，开始的时候让孩子用双脚，然后用双脚的脚后跟，最后再用脚趾，这样循序渐进地引导孩子。

大部分父母即使很在意身体均衡发育，也还是觉得用脚夹东西是一种坏习惯，所以不让孩子那么做。要知道，脚趾肌肉发达后，腿部肌肉也会变结实。而且这样做不仅可以使血液循环到身体的每一个角落，还有助于孩子掌握平衡，使孩子不易摔倒。

"只要多练习一定会做得很好的。对了，听说有的人用脚指头敲键盘，还有用脚指头开飞机的人。宰赫知道脚指头们的名字吗？"

"脚指头也有名字吗？"

"我告诉你吧？它们是大拇趾、二拇趾、三拇趾、四拇趾、小拇趾。"

"原来脚指头也有名字啊！那手指有名字吗？"

孩子变成“好奇星人”了吧？孩子的好奇心从脚趾发展到了手指的名字。我把手指的名字也告诉他了，还针对手指的作用对他提问了。

“什么时候用拇指？”

“说我最棒的时候用拇指。”

“按手印的时候也用拇指。什么时候用食指？”

“指东西的时候用食指。”

“什么时候用中指？”

“我翻书页的时候用中指。”

“那么，什么时候用无名指呢？”

“这个手指头吗？不是得戴结婚戒指吗？”

“小拇指呢？”

“约定的时候用！”

“在什么情况下需要一起使用所有手指呢？”

“敲电脑键盘或者弹钢琴的时候要用所有手指头！”

“原来如此。手指既能弹钢琴又能敲键盘，还能拿东西、翻书、定约定呢！它们真忙啊！”

“手指和脚趾都好忙啊！”

一步一步慢慢做

（1）孩子对自己的身体感兴趣。

（2）试试用脚趾夹各种物品。

（3）给孩子展示脚趾可以翻书或者整理衣服等用处，试着把孩子的好奇心从脚趾诱导到手指。

这个游戏的效果

- 一边玩游戏一边告诉孩子手指和脚趾的名字，问一问孩子每个手指的作用，告诉孩子脚趾也能像手一样使用。让孩子知道，无论什么事情，只要不断反复努力一定可以做得到。
- 脚的作用非常重要，可以说是“第二个心脏”。使用脚的原因是，既可以促进身体均衡发育，又有助于形成积极乐观的性格。

换个游戏怎么样

爬墙游戏（P25），身体登山游戏（P128）

9.去地下室 想象的楼梯游戏

场所：客厅

准备：桌子

效果：刺激想象力，发展身体的表现力，提高观察力，培养创造力和想象力

情况：需要趣味的时候，或者和孩子相互传递东西的时候

孩子的各种经历还不足，对他们解释什么比较困难。不过，如果总是不断练习，表现力也可以有所提高。哑剧就有利于练习表现力。**没有什么比哑剧更有利于锻炼把没有表现成有，也没有什么比哑剧更能用肢体语言表达出情感等。**不过，即使是父母也很难随心所欲地用身体表现出什么。现在我要为大家介绍的是，只用两条腿就能让父母和孩子轻松进行的“想象的楼梯游戏”。

近来，大多数家庭生活在公寓里，很难看到在地下室或者阁楼里爬来爬去的孩子了。我们家也不例外，有一天我说了不存在的地下室话题。

“时熏啊，我去地下室给你拿苹果啊？”

“地下室？咱们家没有地下室啊……”

“怎么会没有呢？等一下，我去给你拿。”

孩子的眼睛睁得圆圆的看着我，因为他也知道家里根本没有地下室。我在目不转睛的孩子面前放了一张桌子，而我走进了桌子里。

现在，我要借助桌子的力量给孩子添上想象的翅膀。我装作真的下楼梯的样子一步一步地走，逐渐降低身体。虽然我的样子比较滑稽，但在孩子眼里，我真的是在踩楼梯。

自然地上下楼梯有一个注意事项，就是不要弯腰。拿着提前在桌子下面准备好的苹果，转过身去，装作上楼梯的样子，一点一点把腿伸直。孩子惊讶得目瞪口呆，虽然跑到桌子后面翻了个底朝天，可还是找不到楼梯。

孩子笑着问我：

“爸爸，您没有需要的东西吗？我也要去趟地下室。”

“麻烦你再从苹果篮子里拿个苹果吧！”

“好，我去拿苹果了。”

孩子像我一样去地下室了。笑眯眯地去地下室的时熏，不一会儿手里拿着一个苹果，嘴角带着微笑从地下室上来了。

“我把苹果拿回来了。地下室还有3个，我再去拿。”

也许，今天时熏要不断地往返地下室了。

一步一步慢慢做

（1）给孩子提前准备苹果，放在桌子下面。

（2）说完要去地下室后，走到桌子后面一点儿一点儿地弯下腿走路，取完苹果后再走上来。

（3）孩子也一样去地下室拿苹果。

这个游戏的效果

- 对孩子来说，想象走下根本不存在的地下室很难，不过，如果父母给孩子做一次示范，通过游戏可以刺激孩子的想象力。瑞士心理学家皮亚杰得出认知发育理论："通过象征表现过程，孩子也会对具体事物以外的东西产生兴趣，形成新的联想，从而使创造力得到发展。"通过这个想象的楼梯游戏，可以活跃孩子的创造力和想象力。

换个游戏怎么样

钟摆游戏（P3），人类捕蝇草游戏（P110）

10.浴室里刮起的龙卷风

滴溜滴溜，浴缸游戏

场所：浴室
准备：可以漂浮在水上的轻玩具
效果：提高理解力和记忆力，学习自然现象的原理，使观察力得到发展，增强好奇心
情况：在浴室洗澡的时候

夏天我们经常洗澡。如果冬天在浴缸里放满热乎乎的水，把身体泡在里面，所有疲劳都会消失。不说也知道，这样做有利于促进血液循环。如果在浴缸里放满热乎乎的水，把孩子放到里面的话，也许浴缸就会变成孩子的人间乐园，让孩子忘记时间。

可以在浴缸里玩的小玩具当然是必备品了。小球、小恐龙、小鱼、小船、小鸭子，通通扑通！宰赫一边哼着歌一边兴奋地玩着。

到了冬天，浴缸里的水过了5分钟就会变凉。这时，放热水之前，把小球放在水龙头下面后再放水看看吧！水下的球一定会滴溜滴溜地转起来。不仅如此，还能看到更大的旋涡，就是放掉浴缸里的水时。简单给孩子洗过澡，孩子出来后，把浴缸底部的排水口塞子拔掉。

“宰赫啊，是龙卷风。”

“哪里？”

孩子跑进浴室。

“哇！好神奇啊，真的有龙卷风啊！”

几天前看了一本关于龙卷风的书，猜想孩子可能会比较好奇龙卷风的样子，就给他放了龙卷风的录像，所以没必要单独给他解释眼前这个龙卷风了。龙卷风随着浴缸里的水慢慢地消失了。

“我还想再看一次龙卷风。”

“现在？”

“嗯。”

“宰赫啊，再看一次的话就要再放一次水了，多浪费啊！”

“那什么时候能看啊？”

“明天洗完澡看吧！”

通过这个小游戏让讨厌洗澡的孩子开始每天期待洗澡时间。如果想让孩子看到更真实的旋涡，可以在放水前的浴缸里放进孩子玩的玩具或者球，然后取下塞子，就能看到成排的玩具随着旋涡旋转了。

一步一步慢慢做

（1）往浴缸里放好洗澡水。

（2）一边洗澡，一边让孩子玩自己选择的玩具。

（3）除此之外，一边洗澡，一边观察发生的现象，针对那些现象和孩子进行对话。

这个游戏的效果

- 解释龙卷风和旋涡这种现象前，先给孩子看相关的照片或录像等资料，这样有助于孩子理解和记忆其原理。
- 有的孩子喜欢洗澡，也有很多孩子讨厌洗澡。孩子觉得洗澡很无聊，所以才讨厌洗澡。洗澡时，在浴缸里给孩子放很多可以玩游戏的物品，孩子就会期待洗澡时间了。洗澡游戏既可以清洁身体，更可以净化心灵。

换个游戏怎么样

泡沫游戏（P51），塑料瓶旋风游戏（P213）

11.世界看起来不同了

倒过来看游戏

场所：游乐场、家里
准备：单杠、爸爸的强健腰部和手臂
效果：用不同的角度看世界，与爸爸建立信任关系，增加与父母之间的亲密接触，发育大肌肉
情况：在游乐场或家里玩的时候

在游乐场玩的孩子看到哥哥们玩单杠就问我：

“爸爸，那是什么？”

“是单杠。”

“那是干什么的啊？”

“既能做引体向上，又能倒挂。”

孩子还小，就算使出吃奶的力气做引体向上也不可能做得到，所以我把孩子的腿挂在单杠上，让他倒挂在上面。

“哇，爸爸，所有的东西都倒过来了。树是倒着的，车也是倒着的。树好像快被连根拔起掉在天空里了，车好像也要掉到天空里了。”

成年人总是正着看事物吧？在成年人的眼里，可能觉得孩子的行为很奇怪。但是，在孩子的立场上看，那并不奇怪。成年人认为孩子的行为奇怪，难道不是自己的固有观念在作祟吗？孩子眼中倒立的世界也是我们生活的世界的一部分。如果成年人像孩子一样倒着看的话，就会发现那一点儿都不奇怪。世界著名画家、电影导演等很多艺术家们不是都在小时候树立了独特的世界观吗？我们熟知的夏加尔小时候也有过童话般的经历，他通过与幻想的结合建立了自己的世界。

玩过用单杠倒着看的游戏的孩子在家里也想倒着看。

“爸爸，我还想倒着看。”

“为什么？”

“我想找东西。”

这次把头顶在地面上，脚靠在墙壁上，孩子大头朝下地立住了。不知道孩子为什么那么兴奋，笑个不停。

“怎么了？你看到什么了？”

“我发现我的珠子在沙发下面了！”

一步一步慢慢做

（1）和孩子一起在游乐场玩。

（2）帮助孩子倒挂在单杠上，让孩子说一说看到的东西。

（3）在家里，可以抓住孩子的脚脖子使孩子倒立，也可以把墙壁当成支撑台。

这个游戏的效果

- 这个游戏可以让孩子用不同视角看普通现象。让孩子与他人视角不同，也可以培养他的创造力。
- 充分利用游乐场的各种设施，让孩子的身体均衡发育。需要注意的是安全第一。无论是多么有趣的游戏，如果出了事故就不好了。父母要考虑孩子的身体发育阶段，充分保证孩子的安全。利用单杠玩的游戏有助于增强孩子的肌肉力量。不过，直到在孩子的臂力足够强前都需要父母的帮助，而且一定要确认地面的安全。另外，做倒立游戏时，注意倒立的时间不要太长。

换个游戏怎么样

人类捕蝇草游戏（P110），身体登山游戏（P128）

12.严严实实地藏起来 捉迷藏游戏

场所：家里
准备：全家
效果：体会到成就感，产生好奇心，提高观察力
情况：需要身体游戏的时候

如果孩子白天不做适当运动或游戏的话，就会因精力旺盛而不睡觉。相反，如果孩子白天玩得太多的话，晚上就会因为肌肉疼痛而哭闹，也不睡觉。要适度游戏，**因家务事和工作疲劳的父母偶尔也想休息一下，此时，最好的游戏就是捉迷藏。**

“谁想玩捉迷藏？”

“我！”

最后，全家都决定要参加捉迷藏游戏。

时熏先找。

“我数到10就开始找喽！1、2、3、4、5、6……10。我可以找了吧？”

妈妈在小房间的衣柜里，爸爸在冰箱旁边，哥哥藏在了椅子下面。和孩子玩捉迷藏的时候，不要把时间拖得太长。因为孩子很容易感到害怕，不可以让孩子觉得突然就剩自己一个人了。不过，与其突然大声喊

着跳出来，不如调整自己藏的方式。

“嗯……这些头发是什么？好像是爸爸的头发……”

“……”

“啊！是爸爸！我发现爸爸了，您快出来吧！”

现在去找哥哥吧！我和在家里四处看的孩子一起玩找哥哥游戏了。一直藏在椅子下面的哥哥突然喊着跳出来，把时熏吓得往后退了一步。不过，孩子还是觉得有趣。这次决定让哥哥找大家了。觉得捉迷藏有些幼稚只是一些成年人的想法而已，真正玩起来，不仅孩子玩得开心，全家也都很开心。

一步一步慢慢做

（1）对需要运动的孩子提议做捉迷藏游戏。

（2）决定让谁找以后，全家严严实实地藏起来。

（3）找的人数完数后开始找家人。

这个游戏的效果

- 不仅是父母，兄弟姐妹也是孩子的游戏观察者和朋友。父母要充分起到引导者的作用。
- 捉迷藏这个游戏是藏在对方找不到的地方，越玩越能提高孩子的思考能力和空间感觉能力。

换个游戏怎么样

透明人游戏（P11）

13.咔嚓咔嚓啃

苹果星 水果雕刻游戏

场所：厨房
准备：像苹果一样比较硬的水果
效果：培养创造力，减轻偏食，增强好奇心
情况：吃水果的时候，或者讨厌吃水果的时候，又或者偏食的时候

正如“早上吃苹果比补药还好”这句话所述，苹果是一种营养丰富的水果。有的孩子什么水果都喜欢吃，有的孩子却对水果挑剔。“我们家的孩子对味觉很敏感，看来以后能成为著名厨师啊！”的确可以有这种积极的想法。但是，如果为家里没有其他水果感到为难，就应该用各种方法动员孩子吃水果了吧？

“都吃完饭了，得吃水果了。”

“知道了，就一个。”

“得吃三块啊！”

我先切了一块苹果给孩子递过去了，孩子根本不想吃。今天的苹果虽然很好吃，但是孩子却皱着眉头咽下去了。给他第二块苹果的时候，他已经不想吃了。所以，我把苹果切得很宽，开始做星星形状的苹果。

“苹果来自苹果星，今天给你看看苹果星。”

孩子立刻充满好奇心问我：“苹果星在哪里？”孩子开始嚷着要看

还没有完成的苹果星。同样是苹果，星星形状的苹果怎么会这么受欢迎呢？

“这次要做什么形状的啊？”

“你好好看哦！”

我做了英文字母A递给孩子。

“这是什么？”

“这是英文字母A。”

“什么是英文字母？”

“是美国人和英国人使用的字母，A是第一个字母。”

孩子翻来覆去地观察形状。**通过这种形式让孩子看到的“A”，可以留下深刻的印象，以后学英文的时候会想到自己吃过“苹果A”的事情。这也许就是游戏的力量吧！**

最后，我做了一个表达自己心意的苹果块。

“这是什么？”

“是我的心。”

孩子收到心后，对心进行了亲亲洗礼。

样子好看的食物味道也好，切实感觉到这句话了吧？孩子真的很单纯，这么简单的事情就能得到孩子的心。

“明天还给我做吧？”

“明天做什么呢？”

“兔子脸、铅笔、书、牛奶盒。”

孩子的好奇心和饭后甜点用几块苹果就搞定了。

一步一步慢慢做

（1）准备苹果和梨这种比较硬的水果当餐后甜点。

（2）做成水果星、数字、英文字母、书等形状。

（3）一直玩到孩子的好奇心得到满足或填饱肚子为止。

这个游戏的效果

- 虽然应季水果对身体好，但是如果孩子对水果也挑食，只吃自己喜欢的东西，那么就以游戏的方式把水果做成各种各样的形状，孩子就会吃了。
- 因为每种水果的硬度和果仁的颜色不一样，所以用各种各样的水果做成各种不同形状，或者把它们合起来做成一个事物也会让孩子很开心。

换个游戏怎么样

做河道游戏（P125），挖空南瓜游戏（P236）

14.挣脱捕蝇草

人类捕蝇草游戏

场所：床上
准备：爸爸的手和胳膊
效果：提高观察力，发展力量协调性和敏捷性，增加与父母之间的亲密接触，形成耐心，记住新事物的特征，用身体表达事物
情况：假期的早上，想晚起一会儿的时候

假期的早上也早起的孩子缠着我和他一起玩，可是我很想再多躺一会儿。就在这时，我想起了一个好办法，就是利用前几天买来的捕蝇草（原产于北美洲的一种多年生草本植物。——编者注）做游戏。

“爸爸，捕蝇草是什么？”

几天前我们走进花店，孩子发现了捕蝇草。轻轻一碰就会动的捕蝇草足以抓住孩子的心了，因为他们没见过会动的植物。孩子想听关于捕蝇草的事情，为了给他解释，我买了一盆捕蝇草。虽然现在家里没有苍蝇，不过到了夏天，它可以抓蚊子或者飞虫，也挺不错的。我想到的好游戏就是利用捕蝇草玩的游戏。

“宰赫啊，我们玩捕蝇草游戏好不好？”

“捕蝇草？”

“嗯，爸爸是捕蝇草，你是苍蝇。”

孩子笑着围着我。

“怎么玩啊？”

“如果宰赫靠近爸爸，爸爸就会一下子抱住你，你越挣扎爸爸就会抱得越紧。如果你不动，就会慢慢地打开了。那时你就可以挣脱出去了。”

这个人类捕蝇草游戏从孩子3岁开始一直玩到7岁，可以算得上是孩子最喜欢的游戏之一。

做身体游戏前要先确认父母和孩子的指甲长不长，建议把指甲剪短。因为和孩子一起玩身体游戏，很难掌握力度，可能会被手伤到。如果父母被孩子弄伤了，不要生气，应该给孩子看伤口，告诉孩子应该轻一点儿。这样做可以给孩子调节力量和情绪的机会。如果孩子没有得到充分的调节训练，很可能在儿童之家或者幼儿园里玩游戏的时候，伤害到其他小朋友的脸。

一步一步慢慢做

（1）通过花店、植物园或者网络等途径给孩子看捕蝇草，给他讲解捕蝇草习性。

（2）假期的早上对孩子说“爸爸是捕蝇草”，然后把孩子搂在怀里。

（3）和孩子一起在床上滚来滚去的游戏开始了。

这个游戏的效果

- 大幅度身体活动的游戏可以培养孩子调节力量的能力。特别是捕蝇草游戏，还能调节孩子的情绪，使孩子平静下来。

换个游戏怎么样

钟摆游戏（P3），身体登山游戏（P128）

15. 拍一次手

拍手游戏

场所：家里和外面的任何地方

准备：两只手

效果：提高注意力，培养瞬间反应能力，促进血液循环，熟悉节奏感和数字

情况：需要集中精力的时候

3~4岁的孩子偶尔会说心烦，同时也会进行自我调节，所以做游戏的时候才会不断反复，一会儿心烦，一会儿集中。这时，做拍手游戏调动周围的气氛吧！孩子不喜欢长篇大论，喜欢简单好理解的概念。每个人都会拍手，它既有助于促进血液循环和刺激微小感官，又能使大脑和身体同时发育。

“我们拍一次手吧，耶！”

拍一次手就喊一声“耶”。喊“耶”的时候，两手握拳然后喊出来。孩子本来在做别的事情，吓了一跳看着我。这个游戏非常需要孩子的注意。此时，诱导孩子拍一次手。

“拍两次手！啪啪，集中！”

喊“集中”的时候，两手的食指移动到眼睛和耳朵中间，然后向前伸出，这样孩子就会头脑一热跟着拍手，视线被手指牵住。不要错过时机，再来一次。

“拍三次手，啪！啪！啪！加油（韩语中‘加油’是三个音节。——编者注）！”

喊“加油”的时候，双手握拳向前伸。喊加油可以再次调动积极的情绪，因为父母的强大力量传给孩子了。现在，孩子开始期待要拍几次手了。

给拍手游戏定个规则和口号是不是更好？比如说，第一回拍三次，同样方式反复五次，把对应次数的字数当成口号填进去。拍四次手的口号是“加油加油”，拍五次手的口号是“我爱你，妈妈”，像这样填进字。啊！“大——韩民国！啪啪啪啪”也是四次哦！

这个阶段的孩子正处于熟悉节奏和模仿能力的发展阶段，熟悉一次就能马上反映出其节奏。活用拍手游戏不仅可以再次集中孩子的注意力，还可以让孩子容易接受规则或简单的指导。如果通过几次拍手游戏提高了孩子的注意力，就可以和孩子一起做原来想做的事情了。

一步一步慢慢做

（1）孩子的注意力不集中。

（2）拍一次手喊一次“耶”。

（3）通过反复拍手游戏提高注意力，就能做原来想做的事情了。

这个游戏的效果

- 游戏的主体是孩子，但父母的每个行为对孩子的游戏行为的影响都很大。比起强迫，父母持有自律性养育态度，可以引出很多和孩子间的相互作用。不要忘记父母是孩子最亲近的游戏伙伴。
- 熟悉规则，可以提高注意力，加快大脑运转。
- 拍手游戏不仅可以刺激手掌，促进血液循环，还能刺激成长。跟着节奏或者喊出的数字拍手还能增强孩子的敏捷性。

换个游戏怎么样

脚趾捡东西游戏（P91），身体登山游戏（P128）

16.谁闭眼的时间更长 坚持游戏

场所：家里
准备：双手
效果：增强耐心，明白要珍惜身体
情况：想培养孩子的耐心时

《棉花糖故事》那本书中提到，给孩子一个棉花糖，如果孩子不在15分钟内吃掉的话，就会作为奖励再给他一个。试验证明，越小的孩子，提高其耐心的成功率就越高。通过这个试验还得知，孩子是否能忍住15分钟的诱惑，关系到他们成年后的毅力和社会性差异有多大。也许，已经成年的父母觉得很简单，但是培养孩子的耐心并不像说说那么简单，不可能像书中写的一样，每次给他们拿棉花糖都不让吃，所以我想出来一个利用身体器官培养孩子耐心的游戏。现在开始吧！

“今天，我们做一个能让我们知道眼睛有多重要的游戏，好不好？”

“什么游戏啊？”

“比比看，谁闭眼睛的时间更长，先睁眼睛的人就输了。”

“一定很好玩！”

“准备好了吗？说开始以后就要闭上眼睛了，开始！”

我和孩子同时闭上了眼睛。可能是因为闭上眼睛太黑了，还没到30秒孩子就问我：

“您还闭着眼睛吗？”

“我当然还闭着了。”

好像又过了10秒，孩子又问：“爸爸，您还闭着眼睛吗？”

“爸爸闭着眼睛呢，可是脚怎么这么痒啊？难道家里有蛇？”

“啊！蛇！”

孩子睁开眼睛四处寻找，似乎察觉到自己受骗了，说：“爸爸，您怎么能骗我呢！”

这就是心理战。

“这次爸爸赢了，再玩一次吧！”

“好，再来一次！”

我们又闭上眼睛过了5分钟。本来不到30秒就

小贴士

经常表扬孩子，输给孩子吧

玩有胜负的游戏时，要经常努力输给孩子。这样做不仅可以使孩子产生自信心和成就感，还能形成尝试新事物的动机，使孩子面对新事物时不退缩，积极面对。

会浑身不舒服的孩子居然有这么强的耐心，是不是很厉害？像《棉花糖故事》里说的一样，当然得给孩子忍耐的代价了，这个代价就是“胜利的喜悦”。

“啊，郁闷，爸爸受不了了。”就这样我睁开了眼睛。

立即睁开眼睛的孩子欢呼胜利。

“我赢了，万岁！”

“闭着眼睛有什么感受？”

“太黑了，好像快死了。我为了胜利才没睁开眼睛。没有眼睛的话可能会很不方便。”

坚持闭眼睛游戏可以让孩子感觉到身体器官的重要性。除了这个方法外，“挠痒痒忍着不出声游戏”“一条腿坚持游戏”等也是利用身体器官培养孩子耐心的游戏。

另外，如果孩子熟悉了闭眼睛游戏，可以继续进行闭眼睛走路或者闭眼睛摸东西等游戏。

一步一步慢慢做

（1）介绍闭眼睛游戏，然后开始。

（2）双方都闭上眼睛，尽量长时间坚持。

（3）闭眼睛时间长的人获胜，请父母输给孩子。

这个游戏的效果

- 这个游戏可以和孩子两个人玩。如果有裁判的话，就能让孩子感到更加公正，从而增加忍耐时间。

- 越是弱势群体和低收入家庭，孩子过度沉迷游戏的概率就越大（韩国资讯振兴院调查）。不过，问题不是单纯的游戏而已。没有活用空余时间做一些简单有趣的游戏和业余活动不足，是导致孩子过度沉迷游戏的重要原因之一。青少年的沉迷游戏问题越来越尖锐，孩子从小开始就需要做一些不需要道具的身体游戏和刺激想象的游戏。

换个游戏怎么样

猜东西游戏（P85），洞穴游戏（P260）

17.母鸡咕咕鹅嘎嘎

换歌词游戏

场所：任何地方
准备：声音
效果：熟悉各种动物的声音，发展听觉和词汇运用能力，提高创意性
情况：孩子吵闹的时候，或者想知道动物声音的时候

英国上流社会的父母常用音乐教育子女。越接触音乐越能促进听觉发育，因为听觉发育就是提高语言习得能力的必要因素之一。**英国学者们的研究结果显示，给孩子唱歌可以刺激孩子大脑中的海马和额叶，有助于语言发育。**刚升为父母的人肯定不知道这一点，但因为孩子喜欢听歌，也会给孩子唱歌。喝牛奶的时候、打嗝的时候、排队的时候，还有睡觉前，总是给孩子听歌，就这样宰赫的听觉逐渐发育了。

我们小时候最常听的《动物农场》很有趣，虽然过了很久，不过哄孩子的时候还是喜欢唱。一起唱唱吧！

鸡舍里的母鸡（咕咕）
门厅边的大鹅（嘎嘎）
梨树下的山羊（咩咩）
……

鸡舍里的母鸡们

门厅边的大鹅们

梨树下的山羊们

牛马棚里的小牛犊

哦嘿呀哈哦哦哦

哦嘿呀哈哦哦

唱《动物农场》不仅能让孩子感到开心，还能让孩子了解各种动物的名字和叫声。熟悉歌曲后，改改歌词再唱的话，孩子会更加兴奋。

树上的麻雀（喳喳）

电线上的鸽子（咕咕）

从林里的狮子（嗷）

行驶在路上的小汽车（噗噗）

高空中的飞机（咻）

火车道上的火车（哧哧）

蓝色大海里的碰碰船（嘣嘣）

浴缸里的金鱼（喁）

踩雪的声音（噗噗噗）

鼠标的声音（哒嘎哒嘎）

爸爸的电话铃声（哒铃铃）

妈妈的电话铃声（哔哩哩哩）

便器冲水的声音（唰）

哦嘿呀哈哦哦哦

哦嘿呀哈哦哦

改歌词可以引起孩子的兴趣，使孩子的思想变深刻。如果有多功能数码钢琴的话，可以用它唱出更有创意性的歌曲，乐在其中。改歌词的时候，把火车声音、小汽车声音、卡车声音、船笛声音、小溪声音、风声、拍手声、电话声音等加进去，可以唤醒孩子的听觉和创造力。

一步一步慢慢做

（1）第一次给孩子听《动物农场》。

（2）一起唱歌，熟悉歌曲。

（3）给《动物农场》改歌词接着唱。如果孩子感到无聊，或者想不出来和孩子一起做的游戏的话，就一起唱歌吧！国语歌和英文歌都可以。

这个游戏的效果

- 孩子生下来，听觉器官就是发育完整的，所以孩子从小就对声音比较敏感，能很自然地掌握简单的节奏。因此，如果提早通过音乐使孩子的听觉得到发育，就能够刺激额叶，从而使孩子更快、更轻松地学会语言。宰赫的语言发达能力，自学演奏《Summer》和《Someone like you》这些曲子就是从小刺激听觉带来的效果。
- 本以为，大多数孩子都是不能做的事情比能做的事情多。其实，随心所欲地改歌词，并把它唱出来，不仅能让孩子感受到自由，还有助于提高

小贴士

唱歌是最好的语言学习

宰赫可以轻松掌握韩语、英语、中文、法语、日语等不同国家的语言，是因为用语言和音乐做游戏，也是“游戏—书—音乐”不断相互作用的结果。我家常用的方法就是换歌词后再唱，也叫做“改歌词后唱歌”。

和前面说的一样，开始的时候用童谣，后来扩展到广告歌曲、歌谣、流行歌曲等领域。给刚开始学说话的孩子听广告音乐是个不错的选择，比如，把流行一时的“因为肝”改成“因为饭”或“因为睡觉”，然后再唱出来。广告音乐的“中毒性”很强，孩子很容易就能记住。这是因为要在短时间内表现得令人印象深刻，所以广告词语必须非常富有才气。“换词唱歌”不仅能提高孩子的词汇能力，还能使孩子的创意性得到发展。

孩子上小学后也一样。我们小时候学过的“使韩国发光的100名伟人”，被MBC电视台亲子栏目《爸爸！你去哪儿？》里的孩子叽叽喳喳地热情歌唱。如果记住这首歌，即使对历史科目不熟，也能掌握基本的历史常识。如果唱这首歌时，听到孩子问“金庾信为什么要砍断马的脖子”这个问题，你一定会拿出落满灰尘的伟人全集吧？这种好奇心变成催化剂，使宰赫读完了《100位伟人全集》那本书。这应该叫“征服100位伟人大作战”吧！

孩子的创造力。

- 通过这个游戏，我们发现反复的力量是巨大的。歌曲可以使孩子的听觉得到发育，如果孩子想完整地背下较难的歌曲，需要反复背诵大约77次。反复背诵77次后，长期记忆力就能得到提高。

换个游戏怎么样

钟摆游戏（P3），抽出腿游戏（P134），故事接力游戏（P188）

18.错了也没关系 做河道游戏

场所：家里
准备：溢出的牛奶
效果：不怕失败，了解液体的特性
情况：孩子喝牛奶洒到地上的时候

孩子犯错误的时候不要生气。孩子犯错误是很正常的事情，因为他们现在对所有事物还很生疏。在成长过程中，孩子即使长大了也会不断犯错。如果因为犯错就责骂孩子，会让孩子从大脑里变成“脸皮薄”。失败是成功之母！拯救人类的青霉素和用合成橡胶制作的橡胶轮胎都是在错误中诞生的。

为了孩子的健康，我们每天都让他喝牛奶，牛奶洒在地上的事情时有发生。反正已经没办法捡起洒在地上的牛奶，不如想**“到今天为止才犯错24次啊，离1000次还剩976次呢”，这样想对父母好，对孩子也好。不要追究孩子的错误，换上轻松的心情吧！**

今天孩子也没喝牛奶，玩玩具的时候用脚把杯子踢翻了，牛奶全洒了。看着洒在地上的牛奶，孩子一脸害怕的表情说：“对不起。”

虽然心里有点儿不高兴，但我还是这么说了：

“没关系，擦擦就可以了。你看洒在地上的牛奶多像湖啊！我们用

它做个河道怎么样？”

“用洒在地上的牛奶吗？”

用手指触碰洒在地上的牛奶，就像画河道一样画下去，牛奶顺着手指的引导开始流下去了。

“用手一碰就跟着流下来了呢！”

“啊，明白了，就好像是用手指头建路一样。”

经过这件事，孩子知道了液体没有固定形态，可以流动，也知道了液体从高处往低处流的性质，还会在某种程度上了解黏度等知识。当然，这些东西也可以入学后在科学课上学到。不要责怪孩子，让孩子观察那个现象吧！这样做，孩子的想法才能成长。

一步一步慢慢做

（1）孩子喝的牛奶或者果汁洒了的时候。

（2）不要责备孩子为什么会犯错误，给孩子一个了解和观察液体特性的机会吧！

（3）如果做河道游戏结束了，就让孩子自己拿卫生纸擦干净，整理周围。此时，用卫生纸稍稍蘸一点儿牛奶，因为毛细血管现象，牛奶会慢慢地浸湿整张卫生纸。如果孩子记住了这个基本现象，就可以为以后学习基础科学打下良好基础。

这个游戏的效果

- 犯错就责骂的话会让孩子的脸皮变薄。比起责骂，不如指导孩子亲自整理好自己犯的错误。错误也能成为好玩具。
- 养育子女时，需要注意不对孩子造成伤害。受伤的孩子，其潜意识存在一种恐惧感，会对相关的事情自责，以被动的姿态生活下去。此时，要让孩子甩掉恐惧感，即使相同错误产生，也要给孩子制造快乐的环境。

换个游戏怎么样

滴溜滴溜，浴缸游戏（P98），塑料瓶旋风游戏（P213）

19.试试从脚爬到肩膀吧

身体登山游戏

场所：家里

准备：爸爸的坚实身体

效果：利用身体发育大肌肉，使均衡感得到发展，感觉到爸爸的存在感并增加亲密接触，形成挑战精神

情况：周末爸爸和孩子在地上滚的时候，或者孩子缠着自己一起玩的时候

孩子会有消耗体力的意愿，这个时候就需要比较激烈的游戏。站在父母的立场上，可能会担心孩子受伤，事实上，这样的游戏可以提高孩子的满足度。这本书中介绍的大部分游戏都是可以和妈妈一起玩的简单游戏，不过**身体登山游戏的体力消耗比较大，需要调节强弱，建议和爸爸一起玩。**

“让我骑木马吧！”

“知道啦，上来吧！”

“上哪里啊？”

“爬到爸爸的肩膀上。”

“怎么爬到爸爸的肩膀上啊？”

“我会帮你的，你试试爬上来。”

“我先自己试试看吧！”

孩子还小，想用自己的力量爬到爸爸的肩膀上肯定需要一点儿帮助。不过，还是要先看看，他是不是能自己爬上去。孩子哼哧哼哧地抓着爸爸的胳膊，踩着爸爸的腿，使尽全身力气往上爬。试了好多次，流了很多汗孩子才明白靠自己的力量上去太难了。

“再低一点儿吧！”

我弯下一条腿，让孩子可以踩着我的腿往上爬。孩子踩着我的腿，用手抓住了我的肩膀，用力往上爬的样子就像在登汉拿山。孩子终于爬到肩膀，骑着“爸爸木马”的那种喜悦已经无法掩饰了。

“爸爸，我上来了。可是太高了，我害怕。”

“你要下去吗？”

“不。”

孩子好像很喜欢“骑木马”，根本不想下来。也许，那是因为在上面他可以看到略有不同的世界。平时用手够不到的那些书架上的书，现

在能够到了。孩子变成了长腿叔叔，可以尽情接触任何物品。孩子感到非常开心，因为他看到的地方比爸爸还高。

一步一步慢慢做

（1）孩子嚷着要骑马。

（2）让孩子自己从爸爸的大腿爬到肩膀。如果对孩子来说太难了，就降低高度，让他可以爬上来。

（3）骑着“木马”在家里走来走去。

这个游戏的效果

- 因为“骑木马”能使全身运动，所以可以促进孩子肌肉均衡发育。“骑木马”后视野变高，孩子能看到成年人都看不到的地方，为此感到喜悦。
- 游戏期间，孩子可以和爸爸持续亲密接触，通过不断交流，感受彼此的珍贵。

换个游戏怎么样

倒过来看游戏（P101），人类捕蝇草游戏（P110）

20.这是铁，那是木头 找铁片游戏

场所：家里
准备：磁铁、各种物品
效果：了解磁铁的性质
情况：孩子看到冰箱上贴着的冰箱贴感到好奇的时候

我们偶尔会把推销员放在玄关门上的炸鸡店或者中餐店赠送的冰箱贴拿回来，贴在冰箱上。有一天，孩子拿着它到处贴，玩了一会儿过来问我：

“为什么冰箱贴可以贴在冰箱上，却不能贴在桌子上呢？”

“因为它后面有磁铁。”

“磁铁？”

“磁铁有一种特性，它可以吸引铁。”

“那它可以贴在玻璃上吗？”

“不能。”

“那这个锅可以吗？”

“你试试吧。啊，这个不能啊！你看，原来这里写着不锈钢呢！”

“那么，如果想确认是不是铁，用它就可以喽！”

“是啊！”

孩子拿着磁铁开始到处贴物品，墙壁、书、笔记本、铅笔、床、被，好知道磁铁能不能贴在上面。看来，他已经掌握家里物品含铁的情况了。

“您知道我们家里有什么东西是用铁做的吗？”

“不知道啊，都有什么啊？”

“运动器材和旅行包的把手、晾衣架上的环、房门的把手，还有剪刀，都是用铁做的。”

“是吗？真了不起，你怎么知道的？”

“我全都用磁铁试过了。”

通过找铁片游戏，孩子可以顺其自然地知道磁铁的特性。它既能贴在铁片上，也能从上面拿掉。满足好奇心后，孩子以后遇到好奇的事情时，就不会犹豫，而是积极地想去了解。

一步一步慢慢做

（1）收集冰箱贴。

（2）利用冰箱贴给孩子解释磁铁和铁的特性。

（3）让孩子拿着冰箱贴找出家里含铁的东西。

这个游戏的效果

- 孩子对某件事物有疑问时，最好不要把答案立刻告诉他，要和孩子一起找出为什么会有那样的原理。这样做才能培养孩子的思考力。

换个游戏怎么样

磁铁钓鱼游戏（P38）

21.谁的腿没了

抽出腿游戏

场所：家里
准备：两个人以上的腿
效果：形成节奏感，形成数字感
情况：给孩子唱歌的时候

游戏最能让孩子感到有趣，特别是用唱歌玩的游戏，每换一首歌就有不同的节奏，所以不会让孩子感到厌烦。可以说字母歌、九九歌都是利用节奏学习的歌曲。可以用歌曲做身体游戏，其中抽出腿游戏非常简单，孩子马上就能学会。

和孩子面对面坐着，伸开腿，交叉放着，一边唱歌，一边交替敲打大腿，歌曲结束的瞬间，把摸到的腿弯起来。这个游戏非常简单。

“我教你玩抽腿游戏啊？”

“从哪里抽出来啊？”

“你坐在这儿吧。宰赫和爸爸把腿交错在一起，一边唱歌，一边交替摸左右腿。歌曲结束的瞬间，抽出摸到的那条腿，最后剩下的那条腿的主人获胜。怎么样？”

此时唱的歌有很多选择，可以是简单的歌，也可以是长歌。根据参与人数不同，游戏也就不同。也许有些幼稚，不过孩子仍然会在最后那

个瞬间感到非常紧张，因为自己的腿被卡住了，好像消失了一样。孩子拥有纯真的时间并不是很长，和孩子一起做游戏就是要返老还童，要“咋呼”起来。每少一条腿就喊“看，现在只剩下三条腿了”“这两条腿最后会剩下哪条呢”，这样做可以培养孩子的数字感。

“可——口——可——乐——真——好——喝。这条腿！”

“抽出哪条腿呢？猜猜看吧。叮咚叮！”

这个阶段的孩子开始理解什么是单词了，如果选的歌曲比较长，也可以用这种方法做游戏——当固定单词出现时把腿折起来。比如说，《三只小熊》这首歌里“熊”反复出现，就用“熊”当固定单词。

“三只熊住在一家，熊爸爸，熊妈妈，熊宝贝。熊爸爸很胖，熊妈妈很苗条，熊宝贝很可爱。”

一步一步慢慢做

（1）面对面坐着把腿交叉放置。

（2）一边唱歌一边交替摸腿，每到一个字就摸一条腿。

（3）把最后摸到的腿折起来。如果歌曲比较长，或者里面重复的词比较多，可以换种规则进行游戏。

这个游戏的效果

- 抽出腿游戏可以让孩子亲身学习减法的概念。
- 一边唱歌，一边结合摸腿的手，让孩子熟悉拍子和节奏感。一边唱歌一边玩，可以提升孩子的乐感。

换个游戏怎么样

钟摆游戏（P3），换歌词游戏（P120）

22. 一千种表情，一千种刺激 变脸游戏

场所：家里

准备：父母和孩子的脸

效果：刺激脑神经，丰富情感

情况：觉得无聊或面无表情的时候

看韩国花样滑冰选手金妍儿的比赛，她的实力的确非常超群，加上丰富的面部表情，塑造出梦幻的舞台场景，让人为之着迷。当然，那些表情肯定是通过反复练习得来的。

人的面部肌肉受第7脑神经——面部神经的支配，经常运动面部肌肉是刺激大脑的好办法。提到表情练习，大部分人都是对着镜子做出笑、哭、生气的表情。如果让孩子对着镜子一个人做各种各样的表情，肯定会让他觉得很无聊吧？

和父母一起用“啊呜”（逗小孩时做鬼脸发出的声音。——编者注）开始吧！面对面，两手挡住脸，手掌向两侧打开，看谁能做出更可笑的表情、谁的脸皱得最厉害、谁睁眼睛的时间更长、谁打哈欠的时候嘴张得更大、谁发出的声音更大等。彼此的脸像镜子一样，一个人先换表情，另一个人跟着做。每次换表情的时候，孩子都会捂着肚子哈哈大笑。

后来，就像表演哑剧一样，不用任何道具，只想象着变换表情。

“这次，用线把脸绑起来怎么样？”

“怎么做啊？”

假装用拇指和食指抓着左边的嘴唇，说着“就这么固定了”，再假装用螺丝固定。然后，假装用拇指和食指抓住右边的嘴唇，还是假装用螺丝固定最后，用拇指和食指假装把眼睛往上抓。这种表情不常见，可以让孩子觉得很有趣。

“该我做了。先把左边嘴唇抓起来固定住，再把右边嘴唇抓起来固定，然后把眼睛向上抓起来固定。最后，把鼻子提起来，咣地放开……”

虽然，实际上手并没有碰到脸，但表情会跟着说出来的话变化。这个游戏既可以自己做，也可以两个人交替做，按照给对方说的话活动自己的面部。

一步一步慢慢做

（1）像做“啊呜”的鬼脸一样，先用手掌挡住脸，再打开，做出各种不同表情。

（2）像表演哑剧一样，表现出用透明线把嘴角捆住的样子。

（3）像用透明线捆住嘴角一样，运动面部肌肉。

这个游戏的效果

- 经常运动面部肌肉有助于刺激大脑。
- 表情变化可以刺激情感，因此，可以对身体和情感的均衡发展起到很大帮助。
- 通过对外的表现练习，表达自己的感情，说出各种意见，培养孩子不受拘束的性格。

换个游戏怎么样

想象的楼梯游戏（P95），透明跳绳游戏（P249）

Part 3

沉浸游戏——让孩子像沉迷游戏一样沉迷学习

5~7岁是孩子上幼儿园、准备升入小学的阶段，我们无法不关注他的“学习”。不过，只强调学习可能会使孩子失去兴趣，无法正常发展。有兴趣才能投入，投入以后才能使大脑发育、提高学习能力。因此，这个阶段的游戏需要“有趣+投入+学习效果”的综合性作用。出生后20个月开始就在认字方面崭露头角的宰赫，也在5~7岁这个阶段通过游戏和学习相互结合，自己主动学习了英语；12岁以后，分别用两个月时间熟练掌握了中文、日语、法语等外语。

1.蛇

蠢蠢欲动 摇摆游戏

场所：客厅或者孩子的房间
准备：剪刀、海报
效果：刺激听觉和视觉，发育小肌肉，提高创造力，刺激好奇心，增强注意力
情况：二次利用报纸或海报的时候

早上收报纸的时候，里面夹着很多海报。基本上，我们会把海报放进二次利用回收桶里，有时候也会把五颜六色的海报给孩子当彩纸玩。反正都是废纸了，折折剪剪也不觉得可惜。可能是因为经常裁剪，孩子的手部动作越来越好了。

有时候，胡乱裁剪似乎能让自己缓解压力。孩子很喜欢裁剪时发出的咔嚓咔嚓声。客厅地面上堆满了被裁剪的海报。

“你在做什么？”

“就是玩裁剪游戏呢。”

“原来是这样啊，那你用海报做一条蛇好不好？”

“用海报做蛇？”

“是啊，你好好看哦，像这样，用剪刀滴溜滴溜地转着剪，就剪出蛇来了。”

“哇，变成长长的蛇了！把这条蛇挂在客厅吧！”

"好吧！"

我把蛇挂在客厅以后，孩子高兴了好一阵子，像个捕蛇人。

把海报剪成自己想要的形状可以刺激创造力。要剪出特定的形状需要非常细致地去做，所以能够促进小肌肉的发育。

孩子随心所欲地裁剪、上色、粘贴，把他制作的创意品挂在孩子想要挂的地方。让孩子感觉到自己重要的存在感，增强自尊感，产生再做一次的意愿，即培养孩子的主动性。

一步一步慢慢做

（1）收集报纸和海报。

（2）让孩子用剪刀把海报剪成蛇形或者自己想要的形状。

（3）把它挂在天花板上，风吹的时候，"蛇"会像风铃一样动。

这个游戏的效果

- 用废纸做剪纸游戏有助于缓解压力。
- 用剪刀剪纸可以同时刺激听觉、视觉以及触觉。把纸叠成好几层一起剪，虽然是一次剪出来的东西，但是样子会略有不同，利用这一点可以制作风铃或者进行粘贴等应用游戏。

换个游戏怎么样

报纸打雪仗游戏（P34），报纸篮球游戏（P79）

2.世宗大王太厉害了

找元音和辅音游戏

场所：家里或者室外的任何地方
准备：多种事物、想象力
效果：提高对事物和字的观察力，与字变亲近，积极面对学习
情况：开始对字感兴趣的时候，或者感觉学习认字难的时候

可以说孩子像海绵，无论看到什么、听到什么都会跟着学，然后熟悉它。有的孩子在5岁前就用练习册写字了，不过刚开始学习语言时，谁学得更快并不重要，多感兴趣、是否能主动学习才重要。开始的时候应该让孩子对字感兴趣，认认真真地教孩子学习元音和辅音（韩文文字由元音和辅音构成，中国家长可以用笔画代替。——编者注）。幸好我们家的孩子喜欢玩找元音和辅音游戏。

“你看那把椅子上面有字，你去找找吧！”

“我去看看吧？我看见‘ㅁ’（韩文辅音。本文出现的符号均为韩文元音或辅音，仅供中国家长参考。——编者注）了！”

“只看到‘ㅁ’了吗？没看到其他字吗？”

“那我再看一次吧！原来还有‘ㅂ’啊！椅子里面藏着‘ㅁ’和‘ㅂ’呢，好神奇啊！”

“那个钟后面会藏着什么字呢？”

"钟？长得圆圆的，应该是'ㅇ'吧？"

"对啦，找字游戏真好玩。好像每样东西都藏着字呢！"

"是啊，仔细看看椅子里还有'ㄱ，ㄴ，ㄷ，ㄹ，ㅁ，ㅂ，ㅋ，ㅌ，ㅍ'呢！"

"您怎么看出来的啊？"

我和孩子一起把椅子放倒又扶起来好几次，找到了所有字，孩子就像找到宝物一样兴奋地大喊。

有人说"学字学得晚比较好"。宰赫从20个月开始就认字了，但我从来没有特意拿着铅笔在笔记本上给他写，也没有教过他，只是经常让他看字的形状和我写字的样子。不知道这样做是不是引起了孩子的兴趣，虽然孩子从来没有让我教他写字，但常让我给他看写字的样子。他对字如此感兴趣，不正是教他认字的最好时机吗？

一步一步慢慢做

（1）孩子对学习认字感兴趣。

（2）找椅子、钟，还有窗户上隐藏的元音和辅音。

（3）了解制造文字的原理。

这个游戏的效果

- 孩子马上就要上小学了，有必要做一些能提高学习能力的游戏。以游戏为背景诱发孩子的学习兴趣很重要，找元音和辅音游戏有助于让孩子带着自信心了解文字。

- 寻找周围事物里的元音和辅音，自然而然地提高观察力。

换个游戏怎么样

水果雕刻游戏（P107），表现文字游戏（P148），文字卡片游戏（P164）

3.用身体表现文字

表现文字游戏

场所：家里
准备：身体
效果：学会元音和辅音，增强表现力，明白合作的价值
情况：孩子对文字感兴趣的时候（本文出现的符号均为韩文元音或辅音，中国家长可替换成汉字的笔画或汉语拼音等来进行游戏。——编者注）

最近，孩子对认字特别感兴趣。已经熟悉部分文字的孩子，总是爱指着书上的字问我，那是什么、有什么意思，孩子的眼神中充满了好奇，问题不断涌出来。

“您知道这是什么字吗？”

时熏弯着腰用身体摆出了“ㄱ”给我看。他明白可以用身体表现文字了。

“等一下，如果在这个字旁边加上‘ㅏ’会变成什么字呢？”

我用积木在孩子身边摆了“ㅏ”。

“是‘가’，还能变成别的字吗？”

“当然了，如果两个人合作就能变成‘마’。”

“怎么合作啊？”

“时熏的‘ㄱ’不变，另一个人坐着摆出‘ㄴ’，这是‘ㅁ’了。再在旁边放这个‘ㅏ’就变成‘마’了。”

“那身体能摆出‘ㅏ’吗？”

孩子把自己的身体看了个遍，他是在寻找身体的哪个部分可以摆出‘ㅏ’。过了一会儿，孩子把右手向上，左手向旁边伸出去了。

“我找到了，您看，看着是‘ㅏ’吧？”

“还真是啊！”

“举起左手，右手向侧面伸展就能做出‘ㅓ’了。”

我们用身体表现出很多元音和辅音。

90度弯腰可以做出“ㄱ”，坐着可以做出“ㄴ”，坐在地上两手向前伸展可以做出“ㄷ”。宰赫和时熏合作一起用“ㄱ+ㄷ”和“ㄱ+ㄴ”做出了“ㄹ”和“ㅁ”。双手弯曲可以表现出“ㅂ”。展开双腿就是“ㅅ”，全身缩成一团就是“ㅇ”。展开双腿，两手向外伸展就能做成“ㅈ”。在“ㅈ”的基础上，左手放在耳边，右手弯曲就能做成

“ㅈ”。双手向右侧伸展可以做成“ㅋ”，双手向左侧伸展可以做成“ㅌ”。双手向身体内侧聚拢做成“ㅍ”。双手合起来留些距离，抬到头上可以做成“ㅎ”。用身体表现出的元音和辅音，会让孩子自然而然地熟悉起来。

这个阶段的孩子可以熟练地用身体表达自己的想法，和同龄朋友一起玩也会感到很有意思。**用身体表现出各种文字时，试着让孩子相互合作把字表现出来。这样做既能培养孩子的合作意识，也能促使孩子主动学字。**

（中国的家长可以参考本文，并结合汉字偏旁部首或者拼音的组成方式来引导孩子学习汉字。例如，“女”字和“子”字结合就变成了好事成双的“好”字，“木”和“三”结合就成了杉树的“杉”字，“日”字和“寸”字结合就变成了时光的“时”字。

拼音元音辅音的组成方法，可参考网上相关用人体摆出字母的照片。例如，皮洛伯洛斯舞团的成员通过改变各种体态与体位，相互配合摆出的人体26个英文字母，便可以做参考。——编者注）

一步一步慢慢做

（1）孩子对文字感兴趣。

（2）在体形里找出文字。

（3）用身体表现出各种文字。

这个游戏的效果

- 用身体表现文字的游戏可以让孩子感觉到自己和文字变得更加亲近熟悉。英语也一样，用身体表现出字母，或者找出隐藏在生活中的字母，可以让孩子和多种语言变得亲近熟悉。

换个游戏怎么样

水果雕刻游戏（P107），找元音和辅音游戏（P145），文字卡片游戏（P164）

4.和面做文字

面粉游戏

场所：客厅或者厨房
准备：面粉、文字图形、各种大小不同的容器
效果：发育小肌肉，学习金属活字制造的原理
情况：读关于金属活字方面的书、想做活字的时候

“我们做金属活字怎么样？”

看关于金属活字的书时，孩子说想做金属活字。孩子向我要模具、铁水和造型框，可是这些东西都没办法找到。既然孩子想按照书上说的去做，又没办法打消孩子的积极性……经过几番苦苦思索，我们开始用面粉造字了。

首先，将面粉和水放进大碗里和面。虽然父母提前给孩子搅拌好了更利落，但还是让孩子亲手做吧！和面可以刺激孩子的触觉，刺激触觉本身就是游戏可以带来的效果之一。而且，在没有框架的情况下，孩子能用手做出各种各样的形状。

做金属活字需要把铁水倒进框架里，和面虽然做不到那一点，但也可以利用多种工具做出来。提前跟孩子解释说，虽然与制造金属活字的过程稍有不同，但是可以做出差不多的活字。

把面平铺开，用四方形积木拓出“口”字，用杯子拓出“O”字。

反正已经把面和成团了，就决定继续做出其他形状。

“这是什么？”

“是麦克风。”

看起来就像根棍子，原来是麦克风。孩子说是麦克风当然就是麦克风了。孩子做出自己想做的形状，父母就在身边随声附和吧！因为得到表扬后，孩子才更能感到有趣。这次，孩子做出了四方形的箱子，开始整理四边。

“这是我做的书，您读一下吧！”

“可是这本书打不开啊，怎么办？”

孩子笑了一会儿以后，努力做成薄纸形状，让它看起来真的像一本可以翻的书。

一步一步慢慢做

（1）因为无法轻易做出真的金属活字，所以给孩子解释清楚其原理，提议玩和面做文字游戏。

（2）和面后，把它压平展开，做出各种文字。

（3）剩下的面粉让孩子做成自己想做的形状。

这个游戏的效果

- 比起已经做好的玩具，孩子亲手去制作没有固定形状的东西，这种游戏更有助于孩子的发育。搅拌面粉，孩子可以亲手做出数十种形状，这是已经成形的玩具做不到的。

- 和面需要使用手和手臂的肌肉，因此有助于孩子的身体发育。
- 给孩子看介绍金属活字制造过程的视频，或者近期带孩子去可以看到金属活字的博物馆参观。这样做不仅使孩子对它的记忆更长久，还会因为发现自己认识了很多字而产生自豪感，更加有兴趣去认识更多的字。

换个游戏怎么样

水果雕刻游戏（P107），找元音和辅音游戏（P145）

5.用手刺激大脑 夹四季豆游戏

场所：饭店或者家里
准备：多粒四季豆、木筷子、碗
效果：发育小肌肉，熟悉筷子的使用方法，理解事物（四季豆）的特征，产生成就感
情况：有豆菜的时候

据说手是第二个大脑。多看书，多思考固然好，常用手刺激大脑也很好。

“慢点儿吃，吃点儿四季豆，再吃点儿菠菜，每样都得吃点儿啊！”

“我不想吃四季豆。”

“为什么？”

“因为我夹不上来。”

“那一会儿我们吃完饭练习夹四季豆吧？用木筷子夹四季豆，再放到桶里。”

“我要试一次，我夹到四季豆了。”

“比我厉害啊，我们比赛吧？”

“嗯，好。”

二儿子和大儿子不一样，现在还不太会用筷子，所以讨厌吃这种难夹的菜。不过，孩子沉迷在夹四季豆游戏中，一定会努力练习使用筷子的。

像四季豆这种表面光滑的东西，夹起来特别难，所以我们以表面粗糙的豆子为主进行练习。经过不断进行夹四季豆游戏，孩子最开始用10秒，现在用3秒就可以轻松夹起来了。

一步一步慢慢做

（1）准备木筷子和10粒四季豆，还有装四季豆的容器。

（2）尝试用木筷子把四季豆夹起来放到容器里。

（3）对比容易夹的东西和不容易夹的东西之间的差别。

这个游戏的效果

- 夹四季豆游戏是利用第二大脑——手做的游戏。刺激手上的各种神经和触觉，不仅能促进大脑发育，还有助于孩子成长。

- 夹四季豆需要集中注意力。这个游戏既能增强协调能力，又能提高观察能力。

换个游戏怎么样

脚趾捡东西游戏（P91），摇摆游戏（P143），升旗游戏（P229）

6.一张两张 留下回忆

拍照游戏

场所：任何地方
准备：数码相机或者手机
效果：提高创造力，产生自信感，形成观察态度
情况：用数码相机拍照的时候

当今社会，几乎家家都有一部数码相机或者智能手机。也许是因为孩子从小经常拍照，只要拿起照相机就会摆出V字。拍照本身不就是一个有趣的游戏吗？

孩子长大后，就开始自己拿相机拍照了。有时把玩具成排摆在客厅里按下快门，有时也会像摄影师一样有模有样地说一句“妈妈，您低点儿头，我要拍照了”。

“给我拍张照片吧！我要坐在这里，把我拍得像坐在墙上一样吧！”

孩子乖巧地摆出姿势。

“给我看看，哇，拍得不错！”

就这样，看着和孩子一起拍的照片，一起聊回忆。**像我们小时候画图片、写日记一样，用孩子亲自拍的照片做照片日记，其本身就是一种成长记录。**这样做还能知道孩子最近喜欢什么。孩子从小开始就建自己的博客，把自己关心的事情整理进去。那些照片也可以用作入学需要的资料。所以，不要只是拍照片，和孩子一起研究整理和利用照片的办法也不错。

一步一步慢慢做

（1）让孩子用数码相机或者智能手机亲手拍下人和事物。

（2）把照片传到电脑上。

（3）1~2周后和孩子一起再看一次拍过的照片。

这个游戏的效果

- 德国心理学家艾宾浩斯的研究结果表明，拍下孩子做游戏的样子，当孩子再次在照片里看到自己的样子时，会回想记忆。因此，这样做可以提高孩子的长期记忆能力。

换个游戏怎么样

画板游戏（P161），文字卡片游戏（P164），英语卡片游戏（P168）

小贴士

您知道PIE教育法吗

PIE是“photo in education”的简称，指通过照片教育孩子的方法，它是一种摄影储存器技巧。摄影储存器是指看着某种场面或文字就能使其成像，并详细记忆下来。做完拍照片游戏后，在一周以内反复看拍过的照片，以照片为话题进行对话，这样做可以提高孩子的记忆力。拍下孩子玩耍的样子，把它们剪出来给孩子看，这个方法可以提高他们的记忆力和观察力。

7.让苹果扑通一下跑进电脑里 画板游戏

场所：家里

准备：电脑的画板程序

效果：形成美术感，有助于大脑发育，熟悉电脑的使用方法

情况：想玩电脑游戏或者想在网络上搜索的时候

现在是多媒体时代，除了电脑，各种智能手机和平板电脑都在吸引孩子的眼球。生活在这个时代，不可能不让孩子用电脑，但是让孩子随心所欲地用电脑又会使其大脑产生混乱。“我们的孩子自己就能上网”，话是这么说，其实到家后，大多数人会发现孩子正在沉迷于游戏中。这就是没有正确利用教育资讯的证据。

可以用游戏或者运动转移想玩电脑游戏的孩子的注意力，不过，如果那样做比较难，就教孩子在电脑的画板上画画吧！考虑到孩子的思考能力和鼠标操作等能力，孩子可以在4~5岁的时候开始使用电脑。这样做可以刺激视觉和听觉，并有助于大脑发育。

“我可以用那台电脑吗？”

“如果玩游戏的话就不行。”

“我也想像朋友们一样玩电脑游戏。”

“用电脑可以，但是暂时不可以玩游戏，不过我可以教你玩画板。”

“画板？画板能做什么？”

“当然是能画有趣的画了，给你示范一次好不好？”

第一次接触电脑的时候，你可能会想“玩不玩都行”或者“为了给他缓解压力，玩一会儿没关系”，但是心软的瞬间实际上是在给孩子的游戏沉迷铺路。

“画板像画画一样，但画7个苹果，再涂上彩虹色只需要30秒而已。”

“真的吗？可以画得那么快啊？”

“我画给你看看啊。在网上找到彩虹色以后，把颜色填进去。看，准备好了。你可以用秒表计时哦！”

孩子瞪大眼睛喊：“哇！才24秒就画好了！”

瞬间画完7个苹果，还把球里的彩虹色移到了苹果上，孩子看到这些，无法不张大嘴巴。另外，也可以利用电脑做给角色涂色游戏。如果给10张素描纸涂色，可能涂了10张，可其中符合孩子心意的只有两张。充分利用网络画板，让孩子点击喜欢的角色，变成更加丰富有趣的涂色游戏。

一步一步慢慢做

（1）依次点击“开始—附件—画板”打开画板。

（2）利用“图形”和“笔”画出苹果。

（3）点击鼠标右键，通

过“删除”清除各种颜色。

小贴士

学习涂色，也可以这样做

让孩子在画板上画画的话，大部分孩子第一次只画截面图。因为他们的空间能力还不足，所以只画看得见的部分。正如下图所示，刚开始的时候，宰赫也只画截面图。当他逐渐熟练运用电脑后，就能看着立体照片画画了，这就是说，孩子的空间能力在提高。

这个游戏的效果

- 专家们认为网络是一种辅助教育手段，建议幼儿以10~15分钟为单位，短时间使用电脑，每天的使用时间不超过30分钟。提前设置程序，阻断流行网站吧！
- 和父母一起熟悉电脑的使用方法可以预防游戏“中毒”。比起无条件说不可以，父母亲自检验过是不是娱乐性强的资讯，再让孩子用比较好。

换个游戏怎么样

拍照游戏（P158），文字卡片游戏（P164），英语卡片游戏（P168）

8.想和文字做朋友

文字卡片游戏

场所：家里
准备：电脑、打印机
效果：增加词汇量，发展形象和文字相结合的联想能力
情况：对认字感兴趣的时候

“几岁开始学习认字比较好呢？”我认为重点不是给学习认字规定固定时期，而是在孩子感兴趣的时候教他。让孩子经常接触，才能起到帮助他的作用。

如果把两个智力相同、都是2岁的孩子做比较，而且他们都对文字感兴趣，不断地让父母教他。如果父母没有无视孩子，教他认字，那他35个月的时候就可以轻松地读书了；如果想着孩子早晚都要学而置之不理的话，孩子长到9岁也不一定会认字。宰赫属于前者。如果错过对文字感兴趣的时期，就等于无视孩子的认知权，放弃了与孩子沟通的机会。

“这是什么字啊？”

“小狗。”

“那这个是什么字啊？”

“气球。”

“爸爸从什么时候认识字的？”

“当然是上学的时候跟老师学的。”

“我也想读书，可是我不认字，好郁闷啊！”

“原来我们家宰赫这么郁闷啊！”

“嗯，如果我认字，能自己读书多好啊！”

“是吗？那我们一起做文字卡片好不好？”

“文字卡片？怎么做啊？”

“画上画，再写上对应图片的字。”

“我们画什么呢？”

“只要是你想知道的，什么都可以。”

虽然在哪儿都能买到单词卡片，但我还是和孩子一起做了卡片，并亲手把孩子喜欢的图片和文字填上去。**好像每完成一张单词卡片，孩子的脸上就会露出一点儿自信。现在，用打印机一张一张地打印出来吧！**

把这些卡片贴在墙上，大声朗读出来，几天后再换另一批新做的卡片，这样孩子就会不知不觉地熟悉起来。

一步一步慢慢做

（1）孩子对文字感兴趣。

（2）用电脑找出孩子喜欢的事物的图片，填上单词，做成卡片。

（3）把卡片在墙上贴一周。

这个游戏的效果

- 让孩子看见单词与图片的分离和结合，可以自然而然地把单词和图片联想在一起。如果这种方式在幼儿语言教育中占的比例大的话，就可以轻松进行词汇教育了。而且，亲眼目睹用电脑制作卡片的过程可以提高孩子的长期记忆力。
- 如果孩子能够熟练制作卡片的话，比起找图片，不如用前面提到的“画板游戏”亲自画，这样可以对孩子起到更大帮助。

换个游戏怎么样

找元音和辅音游戏（P145），画板游戏（P161），英语卡片游戏（P168）

小贴士

一周内，把孩子制作的东西摆在显眼的地方

德国心理学家艾宾浩斯得出了“遗忘曲线”理论——假设人类只靠听觉学习（包括制作和画画等所有类型），那么3天后，这些知识就只在大脑里剩下10%；如果靠视觉学习，那么3天后，剩下35%；如果同时通过听觉和视觉一起学习，那么3天后还能剩下70%。不过，听觉和视觉学到的东西也会在2周左右从大脑中消失，这就是短期记忆。这意味着要想形成长期记忆，就要在3小时内复习已经学过的知识，即反复很重要。

如果把制作出来的东西或图画挂在墙上一周，那么它们可以出现在孩子的视线里10次以上。通过反复出现可以使孩子形成长期记忆。

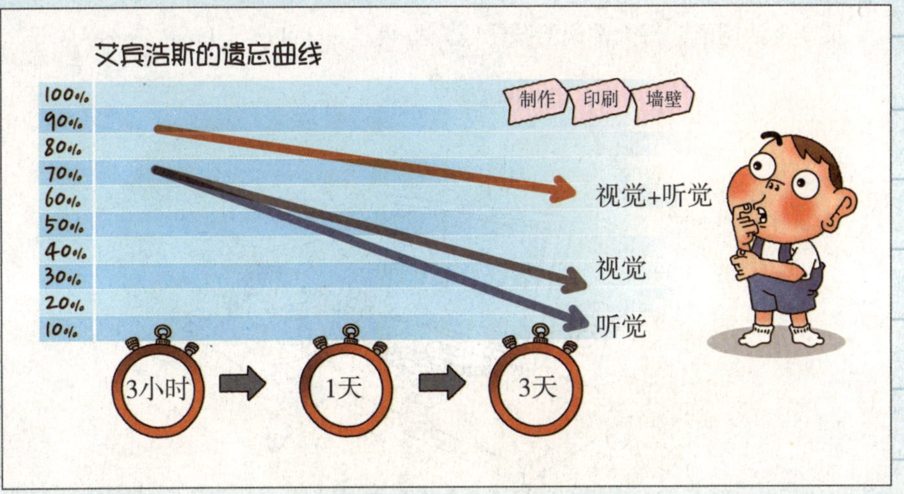

9.用英语介绍我的脸 英语卡片游戏

场所：家里
准备：电话、打印机
效果：和英语变得亲切熟悉，增加词汇量，发展将图片和文字联想在一起的联想能力
情况：对英语感兴趣的时候

“如果孩子能把英语说得很自然就好了”。成功学习英语的案例研究结果表明，没去过国外就能掌握英语的孩子中，大多都是父母的其中一人精通外语。当然，学习外语前一定要先学习母语。

可是，我们两口子都不擅长英语，也没在国外生活过。我背了20句英文生活用语，每天都说给孩子听。虽然连“Hello”“Have a nice day”

这种简单的话我也说不好，但是我还是硬着头皮说给孩子听了。如果连父母都害羞，那孩子就只会害怕英语。

上次制作文字卡片很有趣，所以我决定和孩子一起再做一次英文卡片。制作英文卡片的方法和制作文字卡片的过程一样，不过如果有不认识的单词最好查查英文词典再做。用电子词典或者网络词典查的话还能听到发音，因此可以同时刺激视觉和听觉。

下面的“my face”是我和宰赫一起做的。宰赫在网络上找到单词，听过母语发音后，在自己的照片上画出线条，标注每个部位的英文单词。制作卡片的过程至少能让孩子接触每个英文单词10次以上。

一张卡片包含了所有内容，写完“head”以后写“hair”，写“hair”的时候也能不断想起“head”。就这样，英文单词输入结束后，把卡片印刷出来贴在墙上，使其不断出现在孩子的面前。在此期间，存储在短期记忆里的英文单词就转化成长期记忆了。韩国EBS电视的《English Talk》节目中也介绍了我和宰赫一起制作的“my face”。

一步一步慢慢做

（1）孩子对英文感兴趣。

（2）利用电脑找出孩子喜欢的事物的图片，再用词典找出正确的英文单词，然后制作单词卡片。找到单词后，一定要让孩子听一听发音。

（3）把英文卡片在墙上挂一周。

这个游戏的效果

- 在词典中找出对应的英文，这个过程可以让孩子自然而然地经常看到母语文字和英文。因为能在网络上听到发音，所以能同时刺激视觉和听觉。
- 掌握这个方法的孩子能够培养自己的自学能力，就是形成不问父母，自己就能解决问题的能力。

换个游戏怎么样

拍照游戏（P158），画板游戏（P161），周游世界游戏（P242）

10.正在想什么呢 猜想法游戏

场所：家里或者车里
准备：想法
效果：丰富词汇量，提高表现力，锻炼沟通能力
情况：想提高想象力的时候

孩子的经历越丰富，语言能力就越会突飞猛进。此时，通过可以刺激表现力的游戏为孩子的思想插上翅膀吧！

“我们玩猜想法游戏啊？”

“我怎么能猜出来爸爸在想什么呢？”

“给三个提示不就行了吗？我们猜一次吧？”

“好的。”

“是吃的东西。”

“饭。”

“是水果，黄颜色的。”

“香蕉？香瓜？”

“长长的，黏糊糊的。”

“香蕉！”

“真棒！现在到宰赫出问题了。”

孩子仔细地想了想。

“是食物，红色的。”

“炒年糕？”

“错，是水果。”

“苹果？”

“错，软软的。”

“小西红柿？”

“对了，我们再玩一次吧！”

第一次玩的时候，把水果、漫画主人公、饮料等事物定为主题，等孩子逐渐积累经验，词汇量越来越丰富的时候再把范围扩大到书的题目或者人名这种难说的范围上来。

一步一步慢慢做

（1）提议玩猜对方想法的游戏。

（2）确定主题后提出问题，规定提问的次数。

（3）交替问问题。

这个游戏的效果

- 说出自己想到的物品可以起到联想作用。要符合提示的数量进行多种解释说明，这样可以提高孩子的表现能力，自然而然地发展观察能力。
- 重复思考的过程可以形成长期记忆力。
- 交替提出问题的过程可以培养沟通能力。

换个游戏怎么样

说话接龙游戏（P186），故事接力游戏（P188）

11.今天报纸上会写谁呢

在报纸上找名字游戏

场所：客厅
准备：报纸、蓝色圆珠笔、红色圆珠笔
效果：和报纸变得亲近熟悉，提高注意力
情况：读报纸的时候

报纸是一种非常好的学习类游戏道具，把报纸当作教材的教育方法，即使没有什么伟大的方式，也可以在家里用报纸玩找名字游戏。这样做，不仅能看到孩子的成长，还能看到学习效果。

孩子从小就常看我看报纸的样子。有一天，他问我：

“爸爸，您为什么每天都看报纸呀？”

“因为报纸上有很多有趣的东西啊！”

“都有什么啊？”

“有天气，也有介绍关于旅行地的新书的。宰赫也能用报纸玩得很开心。”

“用报纸玩吗？”

“我是说，你可以在报纸里找出家人的名字，或者找出水果和动物的名字，一起玩怎么样？”

“先找谁的名字啊？”

需要两种颜色的圆珠笔，这样才能轻易比较出孩子找到的字数和父母找到的字数。

“这是我的名字，我要用红色圆珠笔标上。开始吧！”

“一个字一分。”

在报纸上找名字游戏也需要规则，对吧？可以在一篇报道中找出相同单词，或者找出动物的名字。比如说“寻找世界最高的山名”，可以一个字一个字地找。如果是选举期间，报纸上最常见的单词一定是“总统”和“选举”。这样做，能让孩子自然而然地知道选举的意义和方法，还可以和孩子聊历代总统的名字等，使游戏方法丰富多样。

一步一步慢慢做

（1）经常让孩子看到自己读报纸的样子。

（2）向对报纸感兴趣的孩子说出做找名字游戏的提议。

（3）提出像“最高的山名”这种问题并找出答案。

这个游戏的效果

- 在报纸里找文字游戏可以提高孩子对文字的兴致，扩大孩子感兴趣的事的范围。
- 孩子喜欢比赛。如果孩子的眼神告诉你，他很无聊，就对他说“和爸爸比一比看谁能赢，怎么样”，这种话可以活跃气氛。

换个游戏怎么样

文字卡片游戏（P164），说话接龙游戏（P186）

12.形成整理的习惯

系列丛书整理游戏

场所：家里有书架的地方
准备：系列丛书、书架
效果：形成整理习惯，熟悉数字的概念
情况：看完书随处乱放时，或者乱翻书架上的书时

无论怎么整理，回来一看，客厅还是乱七八糟的，这是有孩子的家庭的常见场景。孩子很喜欢看系列丛书，常常用书占据了客厅一半的地面。不要发火，深呼吸一次后，试着对孩子说：“今天读了这么多书啊！咱们比比，看谁能把书整理得更快，怎么样？”

和孩子一起整理书的比赛开始了。虽然父母整理的话，可以更快地把家里收拾干净，但是让孩子亲自整理书，可以让孩子再看一次书的题目，刺激他们的记忆力。看看已经整理完的孩子身后的书架，被翻得乱七八糟，得按顺序摆回去啊！

“哇，整理得真好。现在，咱们按照书的数字整理吧。”

“哪有数字啊？”

“你看这里，系列丛书的封面上标着数字呢。”

“真的啊，开始吧！”

孩子看着数字开始整理顺序。因为孩子的参与，家里变得更干净了。

作为参考书，适当给孩子混合着买系列丛书和单本书固然好，不过系列丛书和单本书的比例应该为3：7，且以孩子的喜好为主，逐渐给孩子买有深度的书。父母为了满足自己的欲望给孩子准备系列丛书，不过孩子可能只看其中的20%。即使再给孩子买其他系列丛书也是一样，还是只有10%~20%的被阅读量，其他的书只能摆在那里接灰尘。也就是说，父母似乎是为了满足自己的欲望，想让孩子快点儿读完一套系列丛书，然后再买另一套。尽量让孩子多读书，即使不读书，也要通过多种方法让孩子留下记忆——这是父母的责任。

一步一步慢慢做

（1）整个客厅被书搞得乱七八糟。

（2）向孩子提议，比谁能更快把书整理好。

（3）先把所有书插在书架上，再按系列丛书的号码顺序排列，重新整理。

这个游戏的效果

- 整理完所有书后，把书按序排列的过程不仅能让孩子再看一次今天阅读的书的题目，还能回想上次阅读的书的题目，刺激记忆力。
- 将系列丛书按序排列可以让孩子熟悉数字感，学习数字的大小。
- 虽然看书很重要，但是把看过的书随便乱放就不好了。如果父母觉得看书很好，就把所有的书都整理好的话，就无法使孩子养成正确的习惯了。

换个游戏怎么样

找车牌号游戏（P64），翻书游戏（P180），号码牌加法游戏（P219）

13.谁翻得更多

翻书游戏

场所：家里
准备：图画书或者厚书
效果：和书变得亲切熟悉，手感变得准确
情况：厌倦读书的时候

为了让孩子越来越喜欢读书，可以经常给他读书。我想了通过游戏让孩子和书变亲密的各种方法，其中就有翻书找人和翻书猜页数的游戏。

首先，翻书找人游戏是打开书后，数出这两页里面有几个人，人数多的一方获胜。

“来，翻书，是69页和70页。没有人，只有牛。动物不行吧？”

“因为动物不是人，现在轮到爸爸了。来，翻吧！哎哟，这两页也没有人，只有鸡。”

“真是的，爸爸！这本书里面根本没有人，只有动物。”

“是吗？看来我们选错书了。

“那我们数动物的数量吧？”

“好吧！”

这次，我们要做第二个游戏——“翻书猜页数”。

“这次我们玩猜页数游戏吧？”

“什么是猜页数游戏啊？”

“先定下来页数，然后翻书，谁翻得最接近既定页数，谁就获胜。”

“我先来，100页。”

孩子翻到的地方是132页，爸爸翻到的地方是164页。

“我更近，我赢啦！”

玩了几次以后，孩子翻到的地方与既定数字越来越接近了，这就是手感变好的证据。

一步一步慢慢做

（1）翻开书后，数出那两页里出现的图片和照片中有几个人，谁的人数

多谁就获胜。

（2）如果书里面没什么图片，就找一本厚书做翻书猜数字游戏。

（3）练习几次以后就能估计出翻开的页数是第几页了。

这个游戏的效果

- 估量自己要翻开的页数可以使手感变得更准确。而且，在游戏过程中，触摸纸张的感觉可以刺激孩子的触觉，从而和厚书变得亲近熟悉。和失去兴致的孩子一起玩时，如果想让孩子感觉到成就感，最好的办法就是输给孩子几次。这样做可以让孩子尝到胜利滋味，恢复自信心。

换个游戏怎么样

书隧道游戏（P7），找巧克力游戏（P88），系列丛书整理游戏（P177）

14.这次写了几呢

在背上写数字游戏

场所：家里
准备：孩子的背部
效果：使数字游戏富有趣味，增加和父母之间的亲密接触
情况：讨厌接触数字的时候，或者想体会数学乐趣的时候

孩子开始学数字了，对数字越来越感兴趣，对数字的疑问也越来越多了。我给孩子买了加法题集，可能是因为没意思，他总是三天打鱼两天晒网。连自己主动要求学习的孩子都这样，如果强迫他学习，可能会让他完全失去兴趣，所以我决定换个方法。如果对孩子说“你连这个都不会吗”，会使孩子对数学产生抗拒感。

“问题难吗？”

“不难，可是很无聊。”

“那和爸爸一起解题好不好？爸爸在宰赫的背上出题，你猜一猜吧！”

每次我在孩子的背上写数字，孩子都会痒得咯咯笑，他觉得很有意思，开始集中精神解题了。

“3加1等于4。”

“不是1啊，我再写一次。”

“嗯……原来是7啊！3加7等于10。”

如果孩子还不会做加减法，可以单纯地在背上写数字，做猜数字游戏。**与其责骂猜不出答案的孩子，不如用挠痒痒作为惩罚。这样做可以使孩子更加快乐地做数字游戏。**

如果是比较大的孩子，让孩子解题后，父母在孩子的背上写出答案，再继续猜。这是为了让孩子把数学当成游戏，因此，当孩子开始学习数字或者对数字感到厌烦的时候，做这个游戏比较有效果。

一步一步慢慢做

（1）孩子对数学题感兴趣。

（2）在孩子的背上写数字。

（3）如果能熟练读出背上写的数字，就试试做加减法数学题。

这个游戏的效果

- 在背上写数字，与其说是学习，不如说是父母与孩子之间的交流。孩子之间有个人差异，不是所有孩子到了相应年龄就有相应的能力和兴趣。孩子与孩子之间的能力和兴趣一般有两年以上的时间差，所以，要记住，学习方法也要因人而异。对一个孩子有效的方法不一定对另一个孩子有效，也有可能一个方法不适合3岁的孩子，但是非常适合5岁的。
- 学习的时候，进度不重要，重要的是应该让孩子形成良好的意识——积极的态度和觉得学习有趣。

换个游戏怎么样

找车牌号游戏（P64），号码牌加法游戏（P219）

15.变成会说话的孩子

说话接龙游戏

场所：床上、车里、等待的地方

准备：无

效果：增强词汇能力，刺激记忆，集中注意力，练习沟通

情况：移动和等待的时候，或者在家里无聊的时候

说话接龙是不限时间、不限场所的游戏。厌倦家里的游戏时、坐车移动时、在游乐场排队等候时都可以玩这个游戏。因为靠说话就能玩，所以也很适合当作睡前游戏。我们小时候经常做这个游戏，因此，养育孩子的过程中，我在想是否也能经常玩这个游戏。

“想玩说话接龙游戏的人举手！”

“我。”

“我也要玩。”

“好，谁先开始呢？”

“从年龄最小的人开始。”

“好，从时熏开始。”

“宝宝——宝贝——贝贝——贝多芬——芬芳——芳香——香水——水珠——珠宝——宝贝……”

“宝贝刚才说过了！”

“爸爸错了，这次从宰赫开始说吧！”

“石头——头脑——脑筋——筋络——络绎不绝——绝对——对话——话语——语言——颜色——色彩……”

是不是停不下来了？说话接龙游戏根据词汇范围可以无限持续下去。如果只是单纯地用第二个词语的第一个字接第一个词语的最后一个字，很容易让孩子感到无聊。这时就要换个方法——**试试定主题的接龙、字数一样的接龙、对应第一个字的接龙、对应最后一个字的接龙等。**

一步一步慢慢做

（1）孩子无聊的时候，对孩子提议做说话接龙游戏。

（2）不可以说已经说过的单词或者不存在的单词。

（3）试试规定主题、词尾、字数等规则后再玩。

这个游戏的效果

- 说话接龙游戏可以刺激记忆力，是接触新单词的好游戏，既能发展语言能力，又能培养处理事情的沟通能力。

换个游戏怎么样

猜东西游戏（P85），文字卡片游戏（P164），在报纸上找名字游戏（P174）

16.创造力嗖嗖发展

故事接力游戏

场所：床上
准备：有创意的想法、儿童书
效果：增强想象力，丰富表现力
情况：孩子在床上缠着自己聊天的时候，或者厌倦读书的时候

“今天有什么特别的事情吗？”

孩子上床睡觉前，问孩子这个问题后，孩子叽里咕噜地给我讲了有趣的事情。听完孩子的话后，该轮到爸爸讲话了。现在已经形成睡前叽里咕噜聊天的习惯了。不过，孩子的老底可能已经抖落光了，今天他在床上缠着我给他讲故事。我觉得需要一个对策，便对孩子提议，玩可以丰富孩子想象力的“故事接力”。

“今天，我们一起编故事好不好？”

“一起编故事？”

“是啊，交替着每个人说一句。怎么样？”

“肯定很好玩，那爸爸先说吧！”

从前有个少年。

少年和妈妈一起生活在村子里。

天黑了，少年赶紧往家走。

本以为是回家的路，结果发现走到的不是自己家。

“爸爸，那是谁的家啊？”

“那得宰赫想啊！这不是故事接力吗？”

那是一个樵夫的家。

少年恳请樵夫收留自己一个晚上。

樵夫答应了少年的恳求，让少年休息好再走。

樵夫给少年准备了好吃的晚饭。

少年狼吞虎咽地吃了饭。

吃饱了的少年无声无息地睡着了。

第二天早上，少年又缠着樵夫要好吃的饭。

樵夫对少年说自己早上不吃饭。

少年就问：“那早上吃什么啊？”

樵夫说：“今天的早餐就是‘你’！”

少年惊惶地逃出樵夫的家。

樵夫在后面追赶少年。

就这样，少年比火车的速度还快，呼哒哒地逃跑。

樵夫骑在野猪的背上追赶少年。

少年加速了，比KTX（相当于中国的高铁。——编者注）跑得还快。

“呼噜，ZZZ……”

睡前做故事接力游戏，可以使孩子更容易入睡，偶尔还会使孩子记起前一天的故事。当孩子再大一些，可以读书的时候，可以读儿童书做接力游戏。

即使孩子可以自己读书，还是总会缠着父母给自己读。宰赫从35个月开始就可以自己读书，但直到小学四年级，还是拿着书过来让我们给他读。不是不识字，孩子是想确认父母是否爱自己。**这个时候，应用故事接力游戏，可以每个人交替读一句儿童书里的内容，也可以试着每个人读一页。因为一起做喜欢的事，所以可以使父母和孩子之间的纽带关系更加坚固。**

一步一步慢慢做

（1）在床上和孩子分享一天中发生的特别的事情。

（2）结束对话后，掺着书里的内容给孩子讲故事。

（3）丢出故事的包袱，开始故事接力。

这个游戏的效果

- 哈佛大学的研究结果表明，经常受到父母表扬和帮助的孩子，与受不到父母表扬和帮助的孩子相比较，在智力和词汇测试中得分更高。这是因为孩子的认知发育需要鼓励、需要刺激。

小贴士

试一试，换换书的内容吧

很多父母知道读书的重要性，因此努力把书读得让孩子听起来很有趣。一个研究结果表明，如果把动作转变为习惯，需要在同一个场所重复21次同一个动作。所以，如果想让孩子喜欢读书，至少需要一个月的时间让他们接触各种各样的书。如果不能每次都读同一本书，也不能编出新故事，可以改变读过的书的内容，读给孩子听。例如，替换童话里的主人公、把海洋改成山做背景，或者把善良的主人公改成狠毒的恶魔等，稍稍改变一点儿就能影响整个大局。当孩子对故事感兴趣时，父母就既能给孩子读书，又能和孩子聊天了。疲倦于读一本书的孩子和从一本书中读出5个故事的孩子，这两种孩子长大后，其创造力会有多大差异呢？

从前有个少年。
少年和妈妈一起生活
在村子里。

- 故事接力时，需要即时运用创意性想法，可以让孩子结合自己的经历和读过的书讲故事。
- 在有些国家，大学入学时需要写散文。韩国也在扩大要求，即入学招生时写一些有主导性主题或者表现自己的文章。如果从小培养孩子的创造力，孩子可以变成优秀的故事大王。

换个游戏怎么样

猜东西游戏（P85），猜想法游戏（P171），说话接龙游戏（P186）

17. 像马戏团一样跳起来

呼啦圈游戏

场所：家里或者地面安全的游乐场
准备：呼啦圈
效果：增强瞬间反应能力，发育大肌肉
情况：孩子拿呼啦圈玩的时候

虽然几乎每家都有呼啦圈，不过它对孩子来说有些大。试了很多次，孩子连一秒都坚持不了就掉地上了。其实，呼啦圈也可以做别的游戏。

第一个是穿过呼啦圈游戏。把呼啦圈立起来，一只手抓着呼啦圈后，不要直接向前用力让它滚动，而是向下用力让它滚动起来。这样用力，往前滚1~2米后呼啦圈还会滚回来。这期间让孩子在不把呼啦圈碰倒的情况下穿过去。呼啦圈前后移动的同时也在自转，所以穿呼啦圈游戏可以让孩子充分感到刺激。

第二个是跳过呼啦圈游戏。大家看马戏团表演时，常看见猛兽跳过点着火的圈。虽然为了安全不能点火，但是仍然可以像变身成猛兽或者替身演员一样帅气地跳过去。逐渐提升呼啦圈的高度，可以提高孩子的重心，有助于孩子成长。

第三个是火车游戏。火车游戏是两个人一起玩的游戏。火车发出哧

哧的声音，一个人扮演司机，另一个人扮演乘客，两个人都钻进同一个呼啦圈里，手拿着呼啦圈跑。如果有很多人，可以在中途让乘客上下车。如果脚绊在一起所有人都会摔倒，所以这也是一个让孩子形成合作意识的游戏。

除此之外，还可以把呼啦圈放在地上当球门踢足球，也可以挂在空中当篮筐打篮球，还可以双手抓住中间使它转起来当作跳绳玩。

一步一步慢慢做

（1）如果有适合孩子大小的呼啦圈，给孩子解释和示范呼啦圈的玩法。

（2）如果呼啦圈太大，就玩穿呼啦圈游戏。

（3）如果孩子没信心，父母可以亲自示范或用洋娃娃示范穿过呼啦圈。

这个游戏的效果

- 这个游戏需要挑战精神，可以增强孩子的自信心。反复做这个游戏还能培养孩子的瞬间反应能力。

换个游戏怎么样

多种多样的气球游戏（P69），透明跳绳游戏（P249）

18. 今天要像足球名星一样跑起来

迷你足球游戏

场所：客厅
准备：小球
效果：发育大肌肉，产生胜负欲，增强成就感，培养主动的性格
情况：天气不好或者黑暗的晚上需要在家里运动时

对孩子来说，精神和身体的均衡发育很重要。为了身体发育，不要让孩子偏食，做一些身体活动多的游戏。为了大脑发育，需要通过各种体验、游戏以及书得到各种各样的想法。总结起来，喜欢读书、只读书是不行的，但为了身体发育，只让孩子运动也不行，那样会把孩子和书的距离逐渐拉远。就像均衡摄取食物才能健康一样，做游戏也要多种多样。不管天气是好是坏都能看书，可运动却不一样。这一点在梅雨季节和寒冷的冬季表现得更加明显。

孩子每隔3天做一次使自己满头大汗的运动比较好，这时就可以在客厅玩迷你足球。如果跟孩子在运动场或者足球场踢球，不但会累得喘不过气，也担心孩子会摔倒受伤，不过在相对窄小的客厅玩一对一的足球就完全没有问题。但是，因为和真实的足球场有些不一样，客厅的地面有点儿硬，所以一定要小心。

“今天我们做运动玩怎么样？”

“踢足球好吗？”

“那去外面玩吧？”

“可不可以在客厅玩啊？”

“有什么不可以的？用迷你足球就行了！咱们赌分数吧？”

“好，10分。”

我和孩子开始踢球了。不管和孩子玩什么游戏都要培养孩子的胜负欲。如果想让他们感受到胜利的喜悦，那么父母就一定得输给孩子才行。

一步一步慢慢做

（1）在客厅准备球门柱。用一个房门或客厅窗户当球门柱就足够了。

（2）给孩子讲解什么是迷你足球，告诉孩子游戏规则和注意事项。

（3）一边踢球，一边诱导孩子积极活动。

这个游戏的效果

- 每隔3天做一次流汗的身体运动有好处。这不仅可以使孩子的身体健康，还能使孩子拥有积极的心态。研究结果表明，只在家里看书的孩子有类似自闭症的症状。
- 和孩子一起做运动，可以自然而然地知道孩子的身体发育状态；通过频繁的亲密接触还能形成沟通。

换个游戏怎么样

呼啦圈游戏（P193），透明跳绳游戏（P249）

19.谁先攻击 弹子儿游戏

场所：家里
准备：围棋子或者塑料瓶、若干瓶盖、桌子
效果：提高注意力，发育小肌肉，形成挑战精神
情况：需要短时间玩耍的时候

据说围棋有益孩子的大脑发育，我便在家里摆了一个围棋棋盘。可是，因为下一盘棋就需要很长时间，所以我们几乎不怎么用它下棋，而是经常用它玩只需要4~5分钟就搞定的弹子儿游戏。我们有时用10~15个棋子玩，有时用5个棋子玩很多局。

“宰赫先攻击。”

“您觉得谁会赢？”

“好像爸爸会赢哦！”

“肯定是我赢，我要开始啦！”

家里没有围棋也可以玩弹子儿游戏。找找周围，有很多可以代替围棋子的东西。收集塑料瓶盖或者小垒高积木也可以玩弹子儿游戏。

游戏方法也是多种多样，还可以变换玩其他游戏。像弹球一样对准一点弹子儿看谁先中，或者画一条线看谁的子儿弹得比较接近线。这些游戏可以让孩子在短时间内高度集中注意力。

一步一步慢慢做

（1）准备围棋子或者喝过的饮料瓶瓶盖。

（2）在围棋棋盘或者桌子上攻击对方的子儿，最后谁剩下的子儿多谁就获胜。

（3）画一条线，比一比谁弹得离线最近。

这个游戏的效果

- 这是最适合既要求瞬间集中注意力，又能提高成就感的短时间游戏。
- 这个游戏需要集中注意力。因为要把围棋子或者瓶盖向正确的方向发射，所以可以提高调节能力。

换个游戏怎么样

多米诺游戏（P41），命中靶子游戏（P246）

20.提高瞬间反应能力 大米和大麦游戏

场所：等待的场所
准备：手
效果：提高瞬间反应能力，发展运动神经
情况：在游乐场或车站等待的时候

动物园和游乐场的人流超级大，买票的时候要排队，玩项目的时候也要排队，真是没完没了。孩子到了5岁，非常理解要排队和不能插队这些秩序或规则。不过，理解和遵守规则不一样，孩子能够遵守规则的时间很短，大概只有5~10分钟。玩游戏一定能使时间过得更快，让孩子不只是烦闷地等待，对吧？

“还要等多久啊？”

“好像还得等30分钟，我们一边等一边做游戏吧！”

“做什么游戏呢？”

“大米和大麦游戏怎么样？”

“大米和大麦游戏是什么游戏？”

“一个人双手展开，另一个人握拳把手放进对方的手掌里，说出大米和大麦其中一个名字，然后迅速把手抽出来。如果说了大米就要抓，说了大麦就不抓。如果说了大米被抓到了就输了。你明白游戏规则了吗？”

“明白了，我先来。”

“好，爸爸来抓。”

“大麦、大麦、大麦、大麦……大麦。”

“为什么总说大麦不说大米啊？”

“我怕爸爸抓到我的手。”

“那偶尔也得喊一次大米啊。”

“知道了，我们重新开始吧！大麦、大麦、大米。”

“看，你说了大米也迅速地逃跑了，我都没抓到。做得真好，再来一次吧！”

“大麦、大麦、大麦、大米！”

“哇，抓住了。该时熏抓了。大麦、大米！”

“我也抓住了！”

刚才还抱怨腿疼的孩子，现在蹦蹦跳跳很开心。

一步一步慢慢做

（1）和孩子一起等待时需要玩游戏。

（2）解释如何玩大米和大麦游戏后开始游戏。

（3）除了大米和大麦游戏，也可以做其他游戏。

这个游戏的效果

- 生活是等待的延续。如果等待以等待结束的话，好像是在浪费时间。等待期间，可以一边做游戏，一边培养孩子的注意力和瞬间反应能力。

换个游戏怎么样

上台阶游戏（P58），说话接龙游戏（P186）

21.英才游戏更有名

堆竞技叠杯游戏

场所：客厅或孩子的房间

准备：竞技叠杯（没有的话可以用纸杯）

效果：提高瞬间注意力，使身体均衡发育，形成瞬间反应能力，积累成就感

情况：有竞技叠杯的时候

我很好奇培训班如何教育孩子，便参加了小区培训班的课程发表会。在那里，我免费领取了“竞技叠杯”。在韩国，堆竞技叠杯游戏也被大家流传为“英才游戏”。其实，我在家里和孩子用纸杯玩过几次，有了竞技叠杯后，我们决定用它玩各种各样的游戏。

“这是什么？你猜猜。”

“杯子下面有个窟窿，如果往里倒水的话，水肯定会从窟窿里流出去。”

“因为它不是水杯，所以才有个窟窿。咱们把包装拆开吧，看看说明书写着什么。”

“上面写着堆杯子游戏。”

“对了，我们拿着这个比一比，看看短时间内谁能最快地把杯子堆起来。”

“一定很好玩！”

“咱们再看一看游戏规则吧！”

孩子开始玩堆竞技叠杯游戏了。第一次，他堆了像金字塔一样的高塔。越高越窄，跟宰赫从小经常堆的卫生纸塔差不多。开始的时候，可能是因为孩子的手法不太自然，堆起来的杯子总是倒，后来，孩子渐渐找到了感觉，堆到了最高位置。

全都堆好了以后，叠起来和放下是关键，先分别把三四个杯子叠起来，再把它们合在一起，这个时间当然是越少越好。孩子反复叠杯子时，给他计时，孩子的瞬间注意力会提高很多，连呼吸的声音都听不见。

如果稍微熟练了堆竞技叠杯的话，就让孩子按照世界大赛的规则挑战。美国和欧洲有“运动堆积”，是一种普遍的、以幼儿运动和年龄类别召开的锦标赛，可以按照它的规则进行挑战。把杯子准备成3：6：3，再叠成6：6，再堆成6：6，然后把12个杯子全都叠在一起后，最后堆成1：10：1等规则。

一步一步慢慢做

（1）准备竞技叠杯（没有竞技叠杯的话可以先用纸杯试试，如果孩子觉得有趣再准备竞技叠杯）。

（2）对应既定的形态把杯子堆起来。

（3）把杯子堆起来后迅速叠起来放下。熟练以后，按照大赛规则反复堆杯子和叠杯子。

这个游戏的效果

- 因为堆竞技叠杯要用双手，所以可以帮助身体均衡发育，而且有利于提高注意力和瞬间反应能力。
- 堆竞技叠杯这个游戏不管男女老少都可以玩。全家参与进来进行一场家庭比赛吧！游戏过程中，可以更加提升孩子的成就感。

换个游戏怎么样

多米诺游戏（P41），堆卫生纸塔游戏（P48）

22.随心所欲做比萨

料理师游戏

场所：厨房
准备：面包、比萨奶酪、洋葱、火腿、蘑菇、柿子椒、巧克力等孩子喜欢的材料
效果：刺激创造力，挣脱固有观念，刺激五感
情况：感到饿、家里剩下各种料理材料的时候

最近，为了让孩子对农民感恩，不偏食，包括幼儿园在内的各种团体正在进行料理体验活动。在夏天做凉爽的西瓜沙拉吃，或者做过冬泡菜等。当然，一定要远离危险，不能做需要用火做的食物。

我们家经常和孩子一起做的食物是比萨。我们不喜欢买来的快餐比萨。**在家里加入孩子喜欢的材料，亲手做的比萨更好吃。而且孩子做起来也很容易，因为只要把想吃和想加进去的配料和比萨奶酪放到饼上面就可以了。**

首先在超市里挑选孩子喜欢的材料。

“要放巧克力吗？”

“把巧克力放进比萨里是什么味道呢？”

“自己尝一次就知道了。”

“如果放太多，味道可能会很奇怪，我要先放一点儿进去。”

妈妈已经准备好一顿饭了，看着围着围裙的孩子，似乎是在准备派

对。先把饼放在盘子上，再把巧克力、柿子椒、草莓等配料放在上面，然后撒上奶酪粉。虽然既可以放进微波炉里转，也可以放在平底锅利用小火加热，但为了让孩子操作简单，最好把它放进微波炉里按下做比萨的按钮来加热。比萨在微波炉盘子里滴溜滴溜地转动，奶酪也化了。

“您看，跟我们买来的比萨一模一样。”

“尝尝味道吧。”

“哇！放进巧克力以后更好吃了！下次放什么呢？”

开始以为必须要涂番茄酱或者调味汁才能做成比萨，不过孩子把喜欢的巧克力放上去后意外地做成了美味的甜点比萨。如果孩子积累这种体验的话，长大后就能结合各种各样的想法，也算是产生创意性想法的基础吧？

一步一步慢慢做

（1）准备孩子喜欢的配料。

（2）把配料和比萨奶酪放在面包上，放进微波炉里融化。

（3）试试每次用不同材料做。

这个游戏的效果

- 和孩子一起做料理游戏可以刺激五感。去市场买材料的过程，不仅能让孩子接触各种颜色不同的材料（触觉和视觉），还能让孩子体会到加热后食物变熟的声音和味道（听觉和嗅觉），以及硬材料被融化的样子等。最后，尝一尝（味觉）做好的料理就能感觉到开心了。
- 可以熟练做比萨后，和孩子一起完成去市场买材料、做以及整理的全过程。和孩子一起讨论做什么和准备什么材料，让孩子学会整体性思考。

换个游戏怎么样

水果雕刻游戏（P107），面粉游戏（P152）

Part 4

潜力游戏——引导无限可能性

通过游戏可以使孩子情绪稳定，从而形成积极的学习态度。在韩国，孩子刚入学就会感受到学习的压力。让孩子感觉到学校生活和作业内容很有趣，比起学习时间长短和学习量更重要。与其在陌生的环境里压制孩子的畏惧感和好奇心，不如在家庭生活中，通过游戏，最大限度地引导孩子的自信心和隐藏的潜在能力。

1.瓶子里的龙卷风 塑料瓶旋风游戏

场所：家里
准备：两个大小相近的塑料瓶、绝缘胶带或黏合剂
效果：可以看到旋风现象，对自然现象感兴趣，形成应用能力
情况：对旋风和龙卷风的样子感兴趣时

宰赫小时候就喜欢在浴缸里玩水，喜欢拔掉浴缸塞子时产生的旋涡。应该叫它龙卷风吧！小学科学游戏中也有制作龙卷风。宰赫已经是小学生了，做游戏也得像做科学实验一样了！

首先，准备两个大小相近的塑料瓶。在瓶盖上穿出直径长1厘米左右的小孔，然后用黏合剂或者绝缘胶布紧紧地将两个瓶盖面对面地贴住。向一个瓶子里装半瓶水后盖上盖子，再把另一个空塑料瓶倒立着拧紧。现在，把有水的瓶子向上画圆旋转，然后空塑料瓶在下、有水的在上立在桌子上就完成了！水里产生旋风了！

因为制作简单，所以除了在瓶盖上穿孔以外，其他步骤孩子可以轻松完成。如果往塑料瓶里倒水前先加进去一些染料或者彩纸碎片等东西，可以让旋风看起来更加明显。

其实，塑料瓶里的旋风是上下气压差引起的，和真实的旋风和龙卷风的原理不太一样，但样子是一样的。**上小学后，孩子对实际看到的和**

观察到的事物比想象出来的事物更感兴趣，把这种兴趣变成游戏，可以积累经验，对探索和记忆力的训练也有很大帮助。

一步一步慢慢做

（1）准备两个塑料瓶、绝缘胶带或黏合剂。

（2）在两个瓶盖上穿出直径长1厘米左右的孔后，用黏合剂或者绝缘胶带紧紧地面对面贴住。

（3）一个塑料瓶里装半瓶水后盖上盖子，把另一个空瓶子也拧上。然后，快速转动有水的瓶子，并把有水的塑料瓶立在空瓶子上。

这个游戏的效果

- 让孩子亲自参与制作过程，可以让他对体验和观察感兴趣，形成长期记忆。

- 没理由成为小学生后，孩子就不能玩小时候的游戏。换种方法或道具玩相似的游戏反而可以提高孩子的记忆力，让孩子学习应用方法。

换个游戏怎么样

滴溜滴溜，浴缸游戏（P98），硬币拓本游戏（P216）

2.什么都可以原封不动地复制下来

硬币拓本游戏

场所：客厅或孩子的房间
准备：人民币1角、5角、1元的硬币，A4纸，蜡笔
效果：培养注意力，记住事物的样子和条纹
情况：想了解拓本的时候

看历史书的孩子问我什么是“拓本”。和孩子一起查字典后了解到，拓本是“用纸原样复制碑石、瓦片、器皿等上面的文字或花纹”。可是只了解字典上解释的意思无法给孩子留下长期记忆吧？

“我们用硬币做拓本怎么样？”

“硬币拓本？”

“用纸印出一模一样的硬币纹样。现在需要硬币，可是哪里有硬币呢？”

“我的钱包里有硬币，我去拿。”

孩子满怀期待地把装着硬币的钱包拿来了。

“咱们先用500元的试试吧！把A4纸放在硬币上，紧紧地固定以后，用蜡笔摩擦就会出现硬币的样子了。这样……”

“哇！我也要试一试！”

孩子拿各种面值的硬币开始做拓本了。但是，孩子一用蜡笔摩擦，

纸就跟着一起动，最后都涂花了。

“怎么看不见呢……”

“为什么呢？再试一次吧！”

这次，为了不让纸和硬币移动，我们用双面胶轻轻地把硬币粘在桌子上，牢牢地固定。

“哇！这次拓得很清楚，连‘2013年’这个日期都看得很清楚。”

找一找你会发现家里有很多可以用来做拓本的东西。叶脉纹理明显的叶子、厚叶子、梳子、篮子的背面、饼干模具、练习本的弹簧等，只要有凹凸的东西就可以做拓本。告诉孩子，垂钓者们钓到大鱼时也会做鱼拓，并给孩子看看网络上的相关图片，留下印象。如果有机会，让孩子通过体验游戏做一次鱼拓，留下记忆。

一步一步慢慢做

（1）把硬币放在地上，把A4纸放在硬币上面。

（2）按着硬币使其固定不动，用蜡笔或者铅笔在纸上摩擦。

（3）除了硬币，也可以用树叶、梳子、练习本、弹簧等各种物品进行拓本。

这个游戏的效果

- 如果想把拓本做好，就需要细密地作业，因此可以提高注意力；如果亲自做拓本的话，可以把其形象更加长久地记住。
- 祖先们把柔软的高丽纸，而不是A4纸放在事物上，撒上颜料后，用棒子敲打，这样拓出的纹样更加鲜明。

换个游戏怎么样

面粉游戏（P152），塑料瓶旋风游戏（P213）

3.和数字做朋友 号码牌加法游戏

场所：家里
准备：两张CD、木筷子、4个环、厚纸
效果：认识数字的位数，熟悉加法的概念
情况：想二次利用废CD的时候，或者想教孩子数位的时候

经常与数字打交道，可以形成理论性和系统性的思想框架。进行对话和游戏时，常常提数字或者和孩子一起背家庭电话、家人的身份证号码、家庭住址吧！

只用废CD和木筷子就能做更好玩的数字游戏——制作汽车号码牌。先把两张CD固定在木筷子的两端，再准备0~9的数字卡各4张，把4套数字卡分别按序挂在4个环上，然后把环挂在木筷子上就完成了！从个位数位做到了千位。

做好后，先读号码牌。

“车要走了，读一下号码牌吧！”

“9、2、3、4。”

“按照数位读好不好？”

“九千二百三十四。”

“真棒！换数字后滚给爸爸一次吧！”

孩子翻来覆去地整理过卡片后把车滚动了。以这种方式看到数字的人，有人会把数字一个一个地读出来，有人会按照数位读出来。如果孩子完全掌握了数字的话，可以把加减法运算活用到游戏里。我把卡片调整到1234滚到孩子面前。

“如果这个加1是多少啊？”

“太简单了，不是1235吗？”

我把数字调整到1239又给孩子滚回去了。

“如果这个数字加1等于多少呢？”

“1240。”

我又把数字调整到“0999”滚给孩子。

“这个数字加1是多少啊？”

孩子想了很久。虽然加法运算做得很好，但是位数增加后就需要一

些时间了。不过，他最后还是喊出了“1000”。看趋势，孩子应该很快就会算亿和兆了。

一步一步慢慢做

（1）在木筷子两端连接CD，将4套写着0~9的数字卡片分别挂在4个环上，每个1套。就这样，挂着号码牌的小汽车做成了。

（2）换完数字后给对方滚过去，接到的人读出来后再把它滚回去。

（3）熟练数字阅读后，试着加入加减法运算。

这个游戏的效果

- 让孩子轻松地把个位数字到千位数字的概念装进大脑里，可以培养孩子对读数字的自信心。继续发展下去，就可以做加减法了。

换个游戏怎么样

找车牌号游戏（P64），系列丛书整理游戏（P177）

4.家庭

打字实力测试 打字练习游戏

场所：有电脑的地方
准备：电脑
效果：使大脑和身体均衡发育，变敏捷，通过手刺激大脑，发展协调能力
情况：认字后有使用电脑的习惯时

宰赫从3岁开始，就坐在爸爸的腿上敲键盘准备电脑作业。仅过了1年，他的打字水平就达到了350字，并参加了文字程序3级考试，成为年龄最小的合格者。从那时起，宰赫建了自己的迷你主页，并亲自管理。除了文字程序外，他还会运用主页管理程序等6~8个电脑程序，比同龄孩子会的多得多。每年技能评估，他都能在电脑科目中得到令人震惊的好成绩。最近，在电脑竞技大赛中，他只接受爸爸的增删指导就获得了金奖，这是因为他可以又快又准地打字。基础不是一个早上就能形成的，一定要经过不断练习。

宰赫并不是完全没有被电脑游戏诱惑过。但是，因为不想把孩子培养成只会读书的书呆子和完全不懂电脑的电脑文盲，我给他解释了电脑的优点和缺点，并亲自教他电脑基础知识。

“电脑的基础是打字，如果不学打字，就要像秃鹰一样生活了。”

“为什么会像秃鹰一样生活呢？”

“秃鹰用嘴撕裂食物，所以吃饭时只用一两根‘手指’。如果用一两根手指敲键盘，就是秃鹰打字法。秃鹰打字法养成习惯以后就很难改变了。”

想着怎么能和孩子有个轻松的开始，什么才让孩子感到有趣，我们开始打字练习了。开始时没办法，孩子只能像秃鹰一样用食指啪啪地敲键盘。不过，不知不觉中，宰赫就会用五根手指打字了，还能把键盘背下来，看着显示器随心所欲地挪动

小贴士

正在担心孩子会不会电脑“中毒”

正常情况下，人类的脑波频率是3赫兹，玩电脑游戏的时候，会上升到23赫兹。这是因为玩游戏的时候大脑进入兴奋状态。体会到兴奋状态后的大脑，即使停止游戏，还是无法忘记那个状态，还会再去找游戏，所以形成习惯后就会发展成电脑“中毒”。预防网络成瘾的专家金惠秀博士说：“我和很多孩子面谈过，得出了一个结论：电脑习惯应该在孩子小的时候纠正。想纠正初中生和高中生子女的电脑习惯，比纠正幼年的孩子花费的时间和努力要多得多。”当你发现孩子电脑“中毒”时，可能已经晚了。请记住，放任孩子自己玩电脑或者智能手机，是孩子游戏“中毒”的第一步。

手指。培养这个能力并没有用很长时间。

让孩子自己练习的话，好像会使孩子觉得自己在学习，感到很无聊，于是我想了不断给孩子动机的办法。我制作了“家庭打字水平测试”表，既能让全家一起开心地玩，又能让孩子体验竞争。就这样，通过打字练习，宰赫把文字又在大脑里记了一遍，还接触到了更丰富的词汇。

一步一步慢慢做

（1）打字练习前，和孩子约好一定要得到父母的允许才能使用电脑。

（2）第一次和父母一起进行打字练习游戏。

（3）为了让孩子感兴趣，留下记录，并诱导孩子逐渐改善打字方式。

这个游戏的效果

- 打字练习游戏可以使孩子熟练掌握电脑的手部技能，也能让孩子对文字感兴趣。
- 因为用眼睛看、用大脑想以及挪动手指的过程是综合发生的，所以可以不断刺激协调能力的发展。

换个游戏怎么样

画板游戏（P161），文字卡片游戏（P164）

5.穿梭在夜空中的星星

参观天文台游戏

场所：天文台
准备：望远镜
效果：直接观察流星雨从而对宇宙感兴趣，增强好奇心从而刺激创造力
情况：在新闻中看到关于流星的报道、想看流星的时候

“大半夜，爸爸叫醒我，开车把我带到沙漠。爸爸到达某个地点后停下了车。宽广的平原上，人们的身上围着毯子，躺在夜空下观望。他们都是来看流星雨的。我和爸爸并肩躺在毯子上，看着穿梭在夜空中的流星雨，真的是太壮观了。那个瞬间，我认为，如果宇宙里不是只有我们，还有其他生命体存在的话，那么那些生命体一定是我们的朋友。”

著名电影导演史蒂文·斯皮尔伯格在接受《时代》的采访中，这样回忆童年看过的流星雨。因为这个经历，他制作了电影《E.T.》，里面展现了外星人是我们的好朋友。因为儿时的回忆，以满月为背景，骑着自行车的少年和E.T.飞起来的著名场面诞生了。很多科学家和艺术家都是因为有儿时经历这个杠杆，才创造出那么优秀的作品。这个事例告诉我们，多种多样的经历很重要。

“现在播报一条新闻，预计从明天午夜开始可以在天空中看到流星穿过。”我们家也通过新闻知道有流星雨的消息了。

“什么是流星雨？”

“就是星星像雨一样落下来。”

“我们也等到午夜看流星雨吧！”

“想看流星雨的话得去天文台或者没有灯光的地方。”

“为什么？”

“因为城市里的建筑和广告牌太亮了，没办法看清流星雨。”

吃过晚饭后我们来到天文台。还有很长时间才到午夜，所以我们就在天体投影室参加了天体观测教室。把椅子靠背向后推，躺着观赏圆形天花板上投影仪投影出来的星星，还可以一起听关于金星和木星等行星，以及夜空中的星座等一共3000多颗美丽星星的讲解。主观测室里有直径254毫米的折射望远镜，可以用它看月亮；辅助观测室有各种种类不同的望远镜，可以用它观察土星和银河。

到了流星雨时间，大家都屏住呼吸望着天空。流星终于掉下来了。这是无数颗星星用生命表演的场面，所有人都张大嘴巴，发出感叹。

宇宙的多变和美丽的样子完全吸引了孩子。从那以后，我们经常和孩子去天文台参观，亲自观察因季节变化的星座和太阳黑子的变化等现象。在这个过程中，孩子也很自然地对关于星座的神话产生了兴趣。谁又知道呢？也许宰赫也能成为像史蒂文·斯皮尔伯格一样，创造力优秀的人。

小贴士

无论雨雪都能看到星星的天文台

说到天文台，大家想到的基本上只是有大望远镜的观测室。其实，在天文台可以看到丰富多样的东西。天体投影室里向圆形天花板上投射影象，就像真的处在夜空一样，有观测天体和太阳系的项目和四季星座旅行项目，还有免费放映的宇宙实录。天文台还有露天用肉眼看太阳系和星座的项目，也有星星音乐会等项目。所以，提前在网上搜索信息后，和孩子一起去吧！

一步一步慢慢做

（1）打听流星雨出现或者彗星陨落的消息。

（2）到可以观测流星雨或者彗星那天，去天文台或者高山上。

（3）让孩子观测流星雨并留下记录。彗星是行星的碎片，比流星雨更加华丽，请把它当作参考。

这个游戏的效果

- 有人说看着落下来的流星雨许愿就能实现愿望，对吧？观察落下的星星，即使是短暂的瞬间，也要诱导孩子怀揣一颗虔敬的心许下心愿。这样做可以培养孩子对自然现象更深的感情。

- 虽然大部分父母都知道儿时的丰富经历对孩子很重要，但是他们不知道应该怎么做，所以总是把孩子托付给企业的体验项目。请记住，平时和孩子聊天或者带孩子一起旅行，也能成为孩子提高创造力的引爆剂。

换个游戏怎么样

拍照游戏（P158）

6.蓝旗升起，白旗降下

升旗游戏

场所：家里
准备：蓝旗、白旗
效果：增强瞬间反应能力和注意力，均衡发育身体
情况：孩子的瞬间反应能力不足的时候，或者需要活动的时候

宰赫把小学运动会用的蓝旗和白旗带回来了。

“这些旗都是用过的，我们把它们放在哪儿呢？”

“看见这些旗，我想起了一个好玩的游戏。”

一听到“游戏”这两个字，孩子的眼睛立刻散发出光芒。

“什么游戏啊？”

“每只手拿一面旗吧。”

“然后呢？”

“按照爸爸的指示举起或者放下，你有信心吗？”

“当然了，开始吧！”

“白旗升起！白旗降下！蓝旗降下！”

“太简单了。”

“知道了，那我快一点儿。不要升起蓝旗，把白旗降下。”

孩子慢下来了。一次性用两只手又升又降的，即使脑袋跟上了，身

体也会有点儿慢。

“怎么样？难吗？”

“不难，这种程度我可以应付，再难点儿都没关系。”

“白旗向下降，蓝旗往上升一次再降下去。”

旗在空中来回升降，不知道怎么了，孩子哈哈大笑起来，而且笑得一塌糊涂。看来是“白旗向下降，蓝旗往上升一次再降下去”这句话刺激到孩子的笑点了。

“好玩吗？”

“嗯，太好玩了，我们继续吧！”

“白旗降下画一个圈，蓝旗向上举着。”

游戏使孩子感到开心。亲自试一试，什么指令会让孩子感到开心吧！这个游戏通过上下左右活动身体，有助于孩子身体的均衡发育；同时使大脑活动旺盛，提高孩子的协调能力。

一步一步慢慢做

（1）用家里的布头或彩纸做两面颜色不同的小旗。

（2）左手和右手各拿一面。

（3）孩子听从父母的指令升降旗。

这个游戏的效果

- 侧耳倾听指令做旗帜游戏，可以提高孩子的瞬间反应能力和注意力。

换个游戏怎么样

夹四季豆游戏（P155），打字练习游戏（P222）

7.用故事记忆 瞬间记忆游戏

场所：客厅或者孩子的房间
准备：书桌、孩子的各种物品
效果：提高瞬间记忆力，提高瞬间注意力，熟悉联想法
情况：书桌或饭桌上堆满物品的时候

看到书桌上摆满书、木梳、铅笔、乒乓球拍、气球、杯子、蜡笔……一般父母都会唠叨着“书桌太乱了就不能收拾一下吗”，可是我们家不会这样做。我们会在这个状态下做游戏。你们一定会问：“这么乱能做什么游戏啊？”其实，这个游戏不但很有趣，还有助于提高孩子的瞬间注意力和瞬间记忆力。

“书桌上全都是宰赫喜欢的东西啊！我们用这些东西玩记物品游戏怎么样？”

“记物品游戏是什么？”

“30秒内看着这些物品把它们记下来。30秒后爸爸会藏起来一件物品，你猜猜爸爸藏起来的是什么。”

孩子开始看书桌上的东

小贴士

难道不是智商高的人才是英才吗

很多人错误地认为英才是天生智商高的人。其实，通过教育也能提高很多后天智商。实际调查机关得出结论：“智力、创造力、注意力都高的人才能叫英才。”

西了，都快看穿了。30秒到了，我先把物品藏起来，又将铅笔的位置挪动以后，问孩子少了什么物品。

“哪样物品不见了？”

其间一直盯着物品看的宰赫皱起眉头。

“嗯……什么呢？什么呢？”

可能是因为第一次玩，所以对孩子来说有点儿难。

“是四方形的，紫色的。”

虽然给了他一个提示，可他看起来还是想不出来。我指着原来有笔筒的位置告诉他。

“在这个位置来着。”

“啊！是笔筒，这次我来问！”

孩子把物品藏起来了。孩子藏起来的物品是黄色的铅笔。

“原来你把铅笔藏起来了呀！”

“爸爸怎么这么快就猜出来了？”

“因为爸爸给这些物品编了故事。”

“故事？”

“是啊，编个故事以后就很好记了。”

“编了什么故事啊？”

“如果想去书桌国就要准备三个红色物品、两个黄色物品、一个黑色物品，还有褐色和紫色的物品各一个。我就是这么编的故事。整理顺序的时候按照数量多少整理，最多的是红色，然后是黄色。”

“啊！所以您很容易就发现少了黄色的东西啊！”

“就是这样，先看看三个红色剩下几个，再看看两个黄色剩下几个，开始慢慢观察。”

“用故事记忆真的很容易，这样做好像很轻松就能把它们装进脑袋里了。”

虽然是短暂的游戏，但是通过造句，孩子可以自然地学会联想法，这个方法与学生时代背哆来咪歌和元素周期表的方法差不多。

藏起一件物品后挪动其他物品的位置，或者逐渐缩短时间来提高难度。

一步一步慢慢做

（1）在书桌上摆放各种物品。

（2）让孩子记住物品，30秒后藏起来一件。

（3）让孩子猜少了什么物品，给孩子讲解联想记忆法。

这个游戏的效果

- 为了让孩子迅速理解和记忆，需要注意力。注意力可以通过反复练习提高。相反，如果不练习，记忆力和注意力可能都会减退。
- 如果是小学低年级以下的孩子，比起联想练习，不如把各种小汽车和玩具等摆在上面。给他一分钟时间记忆，先提高他的注意力。

换个游戏怎么样

猜东西游戏（P85），猜想法游戏（P171）

8.准备万圣节 挖空南瓜游戏

场所：客厅
准备：老南瓜、勺子
效果：感受到节日的乐趣，提高创造力，发育大肌肉和小肌肉
情况：有老南瓜、临近万圣节的时候

宰赫从奶奶那里收到了一个老南瓜。瞬间闪过我脑子的东西不是南瓜粥，而是即将来临的万圣节。万圣节虽然不是韩国的节日，但是最近幼儿园和培训学校都把它当成乐趣，在万圣节的时候举办活动。这么大的南瓜似乎可以在万圣节派对上用了。不管怎么样，和孩子一起做南瓜灯，一定能留下美好的记忆。

“我们用这个做南瓜灯怎么样？”

“南瓜灯是什么？”

“万圣节的时候用一种叫‘jack-o’lantern’的南瓜灯装饰，就是把大南瓜挖空，做成鬼脸，然后往里面放蜡烛，点燃后大南瓜就像鬼怪的眼睛一样，一闪一闪地放光。它是个装饰品。”

如果给孩子看书，就更有利于让他理解了。

“我们做一个怎么样？爸爸先用刀在上面割一个盖子。现在，把里面的东西都挖出来就可以了。”

“用手挖就可以吗？”

孩子真挚地挖起了南瓜。

“已经挖好了，现在我们做眼睛、鼻子、嘴！这得用刀做，比较危险，所以爸爸来做。”

“再把眼睛做大一点儿吧！”

“嘴再往边上加长一点儿就好了。”

我按照孩子的要求做了眼睛、鼻子、嘴。现在，把蜡烛放在南瓜的正中央，点燃后把盖子盖上。

“关灯以后会怎么样呢？”

关了灯以后就会看到帅气的南瓜灯了。虽然制作过程花费了很长时间，但是很有意义。孩子不知道多喜欢这盏南瓜灯，偶尔还倒着用。超过一周，孩子每天晚上都点蜡烛看。

一步一步慢慢做

（1）把老南瓜的上面部分割下来，把内瓤挖空，留下厚的部分。挖空的过程很安全，可以让孩子完成。

（2）制作眼睛、鼻子、嘴。

（3）把蜡烛放在中央，点燃蜡烛后盖上盖子就完成了。

这个游戏的效果

- 引导孩子不要把万圣节当成单纯举行派对的日子，查找它的由来。
- 让孩子亲自参与挖空南瓜的过程，不仅可以使孩子的记忆更长久，还能提高创造力。

换个游戏怎么样

面粉游戏（P152），料理师游戏（P207），硬币拓本游戏（P216）

9.下一个十字路口去哪儿呢

找时针方向游戏

场所：行驶的车里
准备：汽车
效果：熟悉方向感，使移动时间不无聊
情况：坐车移动路过隧道和十字路口等地方的时候

和孩子开车去离家很远的图书馆路上，车在十字路口等交通灯时停了下来。

“我们要去哪里啊？”

看来孩子对分成四个分支的路很好奇。

“如果时针逆时针转，我们要去10点方向。”

“逆时针方向？”

“你会看表吧？”

“嗯。”

“把右胳膊向前伸直，如果把右胳膊当成时针的话应该是几点呢？”

“12点。”

“那么，右胳膊稍稍往左边倾斜一点是几点呢？”

“11点。”

“再稍微往左一点是几点啊？”

“10点。”

“就是啊，我们要去的地方就是你的手臂指的10点方向。你把胳膊从10点方向移动到12点方向，再移动到3点方向，这就是顺时针运转方向。”

“啊，我明白了。”

“如果我们在那个十字

小贴士

可以在车里做这个游戏

韩国有很多山，所以旅游的时候会发现到处都是隧道。虽然孩子喜欢旅游，可是坐在车里很快就会感到厌烦。此时，用随处可见的隧道和孩子一起做游戏吧！如果隧道比较短，可以预测一下通过隧道需要的时间，从入口到出来做憋气的“过隧道游戏”；如果隧道比较长，可以闭上眼睛数秒数，出来的瞬间睁开眼睛做“猜隧道长度游戏”等。

路口向3点方向走的话，你知道是向哪条路走吗？”

“知道，按照顺时针转的话，我们要走的是右边的路，对吧？”

“对，这么明白啊！如果再遇到丁字路口或者十字路口我会告诉你的，你猜一猜我们要往哪里、哪个方向走吧。”

生活中有很多地方需要用“顺时针”和“逆时针”来解释。比起用理论给孩子解释，不如在行驶的车里做找方向游戏，这样可以让孩子自然而然地理解“顺时针”和“逆时针”。

一步一步慢慢做

（1）和孩子一起坐车移动。

（2）如果遇到五分叉路口或者十字路口，问问孩子我们要前进的方向。

（3）拿着手表解释说明要往几点方向走，是顺时针方向还是逆时针方向。

这个游戏的效果

- 虽然孩子小学低年级就经常接受读时针和方向的教育，但是那不是教一次就能轻易熟悉的概念。利用和孩子一起坐车移动的时间，像玩游戏一样把那个概念传达给孩子。实际生活中要用到的“顺时针方向”和“逆时针方向”概念比课本上的还多，如果通过生活游戏教孩子的话，可以使孩子更容易理解。

换个游戏怎么样

说话接龙游戏（P186）

10.周游世界，出发 周游世界游戏

场所：家里
准备：世界地图或地球仪
效果：了解世界各国，提供学习外语的契机
情况：孩子想去国外旅行的时候，或者买世界地图或地球仪的时候

宰赫不仅学习英语，还用英语写日记。到了6岁的时候，他开始去图书馆和区政府做英语指导志愿者。**回想起来，3000韩元（约合18元人民币）一张的世界地图对宰赫掌握英语起到了很大帮助。孩子感受到，要想尽情环球旅行就要先把英语学好，因为逐渐对欧洲、亚洲感兴趣，所以连法语和中文等语言都一并产生兴趣了。**

最近，可能是因为从小去外国旅行和接受短期语言教育的孩子太多了，有一天，宰赫用羡慕的语气问我：

“我们也去美国吧？”

“美国旅行？”

“嗯，听说××已经和姐姐去过很多次美国了。”

“如果想去美国，英语说得好才行。宰赫会用英语对话吗？”

“不会，××的英语好吗？”

“肯定是英语说得好才去美国旅行的啊！我们也快点儿熟悉英语，

然后去美国旅行怎么样？"

"好，就这么办！"

其实，我也不知道宰赫的××朋友英语说得怎么样，不过我不想对宰赫说，我们的家庭条件不允许他像那个朋友一样，每到放假就去美国旅行。我更想通过这件事给孩子学习英语的动机——如果想去美国旅行，英语一定要说得好。还要让孩子不仅对美国感兴趣，也对其他国家感兴趣，所以我买了世界地图。

"宰赫啊，你看，这里有全世界各个国家。"

"美国在哪里？"

"美国在地球的另一边，离我们非常远，坐飞机也要用10小时左右。不过，我们可以瞬间移动，就是用这张世界地图。我们出发吧！"

“嗯，出发。”

载全家出行的玩具飞机已经做好出发准备了。

“乘客，就要起飞了，请您系好安全带。”

“好，已经系好安全带了。”

“那么飞机要升空了。轰，现在我们在天上飞了，向窗外看可以看到云朵。看见云朵了吗，乘客？”

“嗯，看见了，好像白白的棉花糖啊！”

就这样，我和孩子拿着世界地图，每天都去不同国家旅行。美国旅行的第二天，我们去了美国上面的加拿大，再过一天又去了美国下面的墨西哥。去世界各国旅行，既学习了每个国家的问候语，也了解了该国家的面积、人口、首都、气候、文化等知识。

既可以去上次去过的国家旁边，也可以像投色子一样推飞机，选择一个地方停下来。去过的国家用贴纸贴上，让孩子记住。

一步一步慢慢做

（1）购买世界地图或地球仪，或者用打印机打印。

（2）每天指定一个国家旅行。

（3）和孩子一起了解所旅行国家的面积、人口、首都、语言等知识。

这个游戏的效果

- 在短时间内接触一个国家的文化和语言等内容可以让孩子产生兴趣。另外，自由自在地周游列国，可以让孩子对交外国朋友有期待感，从而产生学英语、中文、法语、日语等语言的动机。
- 联合国秘书长潘基文说过，小时候，英语让他感觉被引领到了新世界。

先让孩子对外语学习产生目的和兴趣，才能让他愉快地学习。充分引导孩子意识到，世界旅行不仅可以遇见新世界，还可以和各种各样的人交朋友。

换个游戏怎么样

英语卡片游戏（P168）

11.用游戏自然地学习心算

命中靶子游戏

场所：家里、院子里
准备：儿童用飞镖（或弓）
效果：自然地培养心算能力，提高注意力，缓解压力
情况：有儿童用飞镖的时候

儿童节时，宰赫收到了舅舅送的礼物——“儿童飞镖”，即飞镖头不尖细的吸盘式飞镖和靶子组成的套装，儿童也能安全使用。飞镖的缓解压力效果是满分，宰赫通过游戏还能在生活中不断练习心算。

“我们今天丢飞镖决定洗澡的顺序怎么样？看谁的分数高。”

“好，我要先扔。”

挂上靶子后，我还在旁边挂了分数板。和孩子一起玩的飞镖游戏变成了加法游戏。

“每个人扔三次。”

“开始！”

啪！嗒！啪！嗒！

“4分、4分、2分，加起来是几分啊？”

“10分。”

“轮到爸爸扔了。”

“爸爸是5分、4分、4分，一共13分。”

愉快学习数学的第一步，不是数学练习题，而是生活中的数学游戏。**宰赫没有参加过数学培训班，但也在小学4年级的时候获得了全国数学奥林匹克竞赛的第一名，因为宰赫以愉快的加法游戏开始了数学学习。**

在家里有飞镖、靶子，如果在室外可以用空酸奶瓶玩，就是把空酸奶瓶当飞镖扔。另外，还要在墙上把分数写大或者再单独做一个分数板。瓶子飞起来的声音可以轻松地消除压力。

一步一步慢慢做

（1）准备飞镖。

（2）定下靶子的分数后，开始扔飞镖比赛。

（3）记住飞镖在靶子上的分数，让孩子算总分。

这个游戏的效果

- 这个游戏既能缓解压力，又能在比赛过程中做加法游戏。解数学练习题前，需要先让孩子感觉到数学是有趣的，是生活必要的东西，给孩子学习数学的动机。
- 算分数也得命中靶子吧？命中靶子的重点是停止呼吸，稳定身体，反复向目标物集中精力，这样做可以提高孩子的瞬间注意力。
- 孩子可以简单地使用弓和玩具箭，不过因为有些危险，所以要在得到父母的允许以后才能用，而且不要忘记戴安全镜。

换个游戏怎么样

在背上写数字游戏（P183），号码牌加法游戏（P219）

12.无论在哪儿都可以做的运动 透明跳绳游戏

场所：客厅或房间
准备：无
效果：刺激生长板
情况：想让孩子长个儿的时候

虽然有很多长个儿运动，不过跳绳是最合适的。跳绳可以刺激生长板，促使孩子长个儿，所以我带着孩子去了运动场。给孩子示范后让他试，可是孩子顶多跳一两个，没有连续跳超过三个。

“跳绳太难了。”

“今天的目标是五个，超过五个才能回家，快努力吧！”

可是，孩子还是不断失败。因为孩子第一次跳，连拿跳绳都很生疏，没办法多跳，绳子也总是缠在脚上。看来得换个方法了。

“我们不用跳绳跳怎么样？”

“不用跳绳怎么跳啊？”

“想着透明跳绳跳就行了。如果没有绳子就不会缠在脚上了，跳的时间也能加长，但运动效果是一样的。”

“透明跳绳真简单啊！像我这样的初级选手也不会被缠住，不用出去也可以玩了。”

玩了两周左右透明跳绳后，再去运动场的时候状况就非常不同了。现在，不管是透明跳绳还是真跳绳，孩子都跳得很好。

一步一步慢慢做

（1）第一次跳绳或者天气不好不能出去跳绳的时候，可以玩透明跳绳。

（2）如果没跳过绳，就给孩子做一次示范。

（3）如果熟练掌握了向前跳绳，就让孩子试试向后跳和X字跳。

这个游戏的效果

- 跳绳是一种有助于成长的运动，不过深夜和寒冷的冬天很难去室外跳绳。遇到很难去室外活动的情况时，做透明跳绳游戏吧！因为不用绳子，所以不会打碎家里的东西，运动效果却和真跳绳一样。

换个游戏怎么样

报纸篮球游戏（P79），呼啦圈游戏（P193），迷你足球游戏（P196）

13.用圆珠笔一决胜负 圆珠笔足球游戏

场所：家里
准备：白板（或素描本）、标记笔、两支圆珠笔和球（纽扣或硬币、塑料块等）
效果：产生成就感，刺激胜负欲，缓解压力，提高注意力
情况：无法去室外运动的时候

很多人以为宰赫成为英才，是因为整天坐着看书学习。其实，宰赫是个足球狂，不认识他的人以为他是从非洲来的呢，因为他的皮肤实在是太黑了。身体和大脑均衡发展才有益于孩子的成长，所以我根本没理由阻挡晚上或者坏天气里想和朋友们踢球的孩子。可是，可能是因为昨天在外面踢球了，宰赫有感冒的迹象，但他还是想去踢球。

小贴士

运动有助于学习外语

足球也能给学习外语带来动机。如果喜欢足球，不仅会喜欢国内选手，还会喜欢国外选手，从而热衷于看国外比赛。听赛事解说的时候自然就会接触到外语。而且，最近包括朴智星、基成龙、孙宏民等韩国选手都在进军国外。给孩子看看这些选手的国外言论和采访录像时的样子，有助于培养孩子对运动、外语学习等方面的热爱。教育学认为，自己想学习偶像的优点叫“反应式效果”。

“我踢一会儿就回来。”

“让我摸摸脑袋，比刚才还热呢！”

“那我也想踢球。”

“咱们今天做个足球板踢球怎么样？”

“做足球板？”

“爸爸小时候经常在纸

上画足球板，然后用圆珠笔踢球。”

“怎么踢啊？”

“咱们家有白板，就在白板上画怎么样？红色和黑色的圆圈就是球员，把CD剪成球就可以了。”

“那球门柱怎么办？”

“用纸做一个粘在上面就可以了，画成四角形的，咱们做一个吧！”

我和孩子开始咔嚓咔嚓地做足球板了。用两种颜色标记笔各画了11个圆圈当球员，像真的足球一样，还立了球门柱。

现在竞技场已经做好了，应该定比赛规则了。首先，用圆珠笔推球，如果球碰到了对方的球员就要轮到对方球员推球了。不过，即使我们队的球员接到球也没关系，因为必须把球推进球门里才能得分。我们以10分为标准开始比赛了。

“开始，哔！”

宰赫先推球，推了三次以后碰到了我的球员。

“轮到爸爸了。”

我在白板上四处推球，可惜在球门前射门的时候被圆珠笔守门员挡下来了。

“现在又到李宰赫选手出场的时间了！”

足球游戏中，产生的胜负欲和成就感不只是局限在运动上，也是孩子上高年级以后让自己真诚做事的基础。孩子进入社会后也一样，有想要争取的东西才能为热情提供养分。

一步一步慢慢做

（1）用白板做足球板，用纽扣或硬币当球。

（2）如果球碰到对方球员就轮到对方的球员踢球，把球放进球门里才能得分。

（3）圆珠笔可以变成守门员阻挡球进门。

这个游戏的效果

- 孩子逐渐发现圆珠笔足球也要遵守规则，而且确立战术才能取得胜利，从而培养他积极的胜负欲。
- 不让球碰到对方球员，同时还要阻止对方球员进球，手的运动可以不断刺激大脑，从而促进协调能力的发展。

换个游戏怎么样

报纸打雪仗游戏（P34），迷你足球游戏（P196），透明跳绳游戏（P249）

14.培养臂力吧 手推车游戏

场所：家中地面安全的地方
准备：父母的手臂
效果：发育手臂肌肉，一边和父母相互配合一边沟通，体验到成就感
情况：需要运动的时候

“宰赫好像长高了很多啊！”下班后，一进家门就发现孩子的个头好像长了不少。孩子听到关于自己的话题非常开心，自豪地说：“我的腿长吧！

“可是，为什么我的胳膊不像爸爸那样结实呢？爸爸是怎么变得那么结实的啊？”

“努力运动就能变结实了。”

“如果想锻炼手臂，应该做什么运动啊？”

“像俯卧撑那种经常用手臂的运动就可以。”

“我也要试试。”

“现在对你来说还有点儿难啊！要不，爸爸抓着你的腿玩手推车游戏吧？来，你趴在地上，两个手按在地上，爸爸把你的两条腿抬起来，你用手往前走。”

“哇，这样就能用手走路了！”

“哇，走得真好！这样走既能锻炼手臂力量也能锻炼腿部力量。”

虽然孩子的表情看起来很累，可是因为听到表扬，所以变得更兴奋了。手推车游戏才开始10秒钟宰赫就气喘吁吁的了。

虽然用尽全身余力前进，但很快就没劲了。这就告诉我们运动需要不断坚持。

“真棒！宰赫。”

听到表扬的孩子还是很高兴。**虽然这个运动有助于使孩子的手臂变结实，但毕竟不是孩子自己就能做的游戏，所以父母和孩子之间的配合真的非常重要。喊着“一二，一二”的口号，一起一步一步地前进吧！**如果孩子还没挪动下一步，父母就先抓着腿往前走了的话，孩子可能会坚持不住趴在地上。而且，如果第一次就配合不好的话，会伤害孩子的手腕，因此一定要注意。

一步一步慢慢做

（1）孩子趴在地上双手接触地面，父母抓起孩子的两条腿做准备。

（2）对应口号，让孩子一只手、一只手地往前走。

（3）如果孩子体力不足停了下来，父母也停下来和孩子一起等待下一步。

这个游戏的效果

- 手推车游戏需要全身参与和伸直腿部，用手臂承受身体的重量移动，是可以同时作用于全身肌肉发育的运动。
- 成年人可能都知道这个运动，可孩子基本上都是第一次接触。如果我们小时候没在家里或者学校学过，我们也不会，所以给孩子详细解释游戏和运动方法，循序渐进地让孩子体验吧！经过那些体验后，孩子可以掌握很多运动方法。

换个游戏怎么样

身体登山游戏（P128），迷你足球游戏（P196），透明跳绳游戏（P249）

15. 乒乓乒乓，轻松愉快的游戏

迷你乒乓球游戏

场所：客厅

准备：两个球拍、乒乓球、两张桌子、几本高度差不多的书

效果：促进身体发育，学习公平竞争的精神，增强敏捷性

情况：看乒乓球比赛的孩子想打乒乓球的时候

客厅里突然热火朝天地展开迷你乒乓球比赛了。这当然是因为奥运会了。奥运会是可以让我们在短暂的17天里，接触到20多种运动比赛的好机会。通过奥运会，宰赫第一次看到了乒乓球比赛，他可能觉得那些对2.7克小球狂热的人很神奇，所以大晚上的说想要打乒乓球。

虽然有乒乓球拍，但是没有球桌。时针已经指向夜里10点了，乒乓球场肯定也都关门了……这个时候就需要思维转换了。不要认为必须有球桌才能打球，摆脱先入为主的想法你就会发现，球桌是可以做出来的。连接两张四角形饭桌，把书立在中间当作球网，简易的乒乓球桌就做成了。

给孩子讲解发球的方法和规则。不要从一开始就指望孩子能100%理解运动的规则，要让孩子通过比赛逐渐熟悉。孩子被乒乓球发出的轻快声音吸引后，打着打着就能完全掌握规则了。当孩子更加熟练的时候，可以和孩子进行一场正式较量，或者对孩子进一步讲解比赛场上的评分原则，然后应用到接下来的游戏中。在初级阶段，逐个学习基础规则很重要。

一步一步慢慢做

（1）准备乒乓球拍和球。

（2）把两张四角形饭桌拼在一起，在中间立书当作网——迷你乒乓球桌做成了。

（3）试一试乒乓球长时间飘浮游戏、吹气打球、乒乓球接力传球等游戏。

这个游戏的效果

- 亲身打比赛，或者边看边解释规则，可以更快了解一个游戏。奥运会期间，能观看到很多大众性的运动项目，一边看一边给孩子讲解有助于孩子的理解。

- 像乒乓球这种项目比较适合在室内玩。不过，因为父母和孩子的身高差比较大，打起来可能有些难度。如果是这种情况，就试试迷你乒乓球吧！
- 乒乓球的重量只有2.7克，用嘴都能轻松吹动。利用这种特性做游戏，不仅可以强化嘴部肌肉，还可以提高肺活量。

换个游戏怎么样

呼啦圈游戏（P193），迷你足球游戏（P196）

小贴士

开发补充游戏吧

还有一种游戏可以用乒乓球在家里玩，就是“乒乓球长时间飘浮游戏”。躺在地面上用嘴吹乒乓球，使乒乓球的飘浮时间最长的人获胜。吹乒乓球和吹气球以及乒乓球接力传球等游戏，都可以让孩子玩得很愉快。而且这些游戏都可以强化嘴部肌肉，增强肺活量。

16.相信自己的手和耳朵吧 洞穴游戏

场所：家里
准备：无
效果：增强敏感性，消除对黑暗的恐惧，刺激触觉，增强想象力，刺激好奇心
情况：停电后孩子害怕的时候

喜剧演员金炳满先生在一次采访中说：“在剧团学习表演时，要关着灯找东西，进行感觉训练。”这是告诉我们，成为达人之前需要付出努力。虽然不是表演练习，但是在黑暗的地方被遮住视线的自己，只能集中触觉感受周围，这有助于培养敏感性。

我们不是特意要玩感觉游戏的。夏天的一个晚上，新闻刚开始的时候，整个公寓都停电了，据说是因为全国电力不足引起的。虽然听到通知说过，一会儿就会有应急灯，但还是担心孩子会不会怕黑。因此，我决定要像做游戏一样，开心地度过这种特殊情况，把这里当成一束光都没有的洞穴。

“太黑了，好害怕，为什么灯灭了啊？”

“听说是因为电力不足，不过正好，我们可以玩洞穴游戏了。”

“洞穴游戏？”

“嗯，其他公寓也停电了，都很黑，咱们找找手机，把辅助灯打开吧！可是去哪里找手机呢？”

“打个电话不就知道了吗？”

“现在停电了，电话能用吗？”

停电的时候有线电话也能用，我们给手机打了电话。已经从哪里传来手机铃声了，不过不知道是不是在客厅。怎么看不见呢？我和孩子牵着手，摸索着顺着电话铃声走去了。

“这是什么？”

“很柔软，好像是沙发。”

“这个腿很长，而且很硬，它是什么啊？”

“因为椅子可以移动，应该是桌子。”

就这样，我们在黑暗中找到方向，抓住房门打开一看，手机在里屋的角落里发光呢！

“因为手机，我们看见光线了。”

“成功啦，我们把手机的辅助灯打开吧！”

虽然光线很弱，但在黑暗中还是显得非常明亮。

“现在，我们出去吧！”

“爸爸，好有趣啊！咱们别出去了，就在这儿找找别的东西吧！”

看来在黑暗中找东西的游戏很有趣。虽然是很容易令人感到恐惧的状况，但是通过游戏已经转祸为福了。

一步一步慢慢做

（1）晚上突然停电了。

（2）对孩子提议做找手电筒或者找手机游戏。

（3）找到手机后等待恢复供电。

这个游戏的效果

- 在黑暗的地方，视线被阻碍后敏感性会提高。偶尔试一下把灯关掉靠触觉猜物品或者听音乐，给孩子集中精神的时间。在黑暗中做游戏，不仅可以培养孩子不怕黑的大胆性，还可以让孩子体会到光的珍贵性。
- 如果父母慌慌张张地喊“停电了”，孩子就会感到更加不安。如果停电了，先沉着地紧紧抓住孩子的手，找到手电筒、手机或者蜡烛就可以了。

换个游戏怎么样

猜东西游戏（P85）

特别指导

怀孕20周到产后24个月，孩子的专属游戏

胎儿从第20周开始可以在胎腹中区分声音。观察胎儿的大脑发育状态可以发现，20周时，胎儿的语言、感觉、认知的发育非常活跃。如果不断叫他的胎名、和他交流的话，可以帮助胎儿形成或强化新的脑桥细胞，而这与智力发育有紧密联系。胎儿出生后，刺激他的听觉，让他接触各种各样的声音很重要，因为听觉发育是提高语言习得能力的必要因素之一。英国早教以歌曲为开端，结果证明了这个方法的效果非常显著，它对学习外语具有重大影响。宰赫和时熏从胎腹中开始到1岁，做得最多的游戏就是刺激听觉的游戏。

听觉刺激——子宫对话游戏

在妈妈肚子里的胎儿没有可以“做”的游戏。在狭窄的子宫里生活10个月后，健康地出生就是孩子在胎腹中的全部意义。给孩子取个胎名，与孩子进行充满爱的对话。像这样不断和孩子进行对话，可以让孩子充分意识到自己的珍贵存在感，向世上迈出第一步。

听觉刺激——歌曲游戏

和还不会说话的孩子之间，最好的交流方法是给他唱歌。作为新手爸爸，我还不知道为什么要给孩子唱歌。听说给孩子唱歌可以促进听觉发育，还可以轻松学到外语，我便一有空就给孩子唱歌。把孩子放下冲奶粉期间、为了让孩子停止打嗝轻轻地在他的背上抚摸的几分钟内、一天结束之际等，都为孩子唱首歌吧！根据孩子的成长，调换各种各样的歌曲给孩子听，可以扩充孩子的兴趣范围。

听觉刺激——回声游戏

孩子只会发出“啊啊”声，抓准孩子发出声音的时刻，将手掌拍得啪啪作响。就像在洞穴里说话一样，也像打哈欠的时候捂住嘴一样，会听见“啊啊啊啊”声一会儿变大，一会儿变小。虽然孩子瞪大眼睛不说话，但会竖起耳朵听声音。

身体刺激——拉长游戏

很多父母都经常给孩子做身体按摩，促进孩子成长吧？孩子从出生开始到上小学，像用手按摩手臂和腿部一样，给孩子做按压的“拉长游戏”，不仅可以促进血液循环，还可以让孩子和父母建立深度的信任和分享情感的亲密接触。虽然现在说这些好像有点儿早，不过孩子进入青春期后，前额叶急剧发育，导致孩子很难控制冲动。等到青春期时，从小和父母充分交流的孩子可以顺利度过这个时期。

身体刺激——噗啦噗啦游戏

孩子小的时候，睡前父母总是一边唱“扑么——扑么——扑么呀，扑么——扑么——扑么呀”，一边把孩子的两条腿交替抬起放下，这样做可以强化孩子的腿部肌肉。后来才知道，原来“扑么”是“噗啦噗啦”的庆尚道（韩国的一个地区。——编者注）方言。这个游戏有助于促进只能躺着的孩子的身体均衡发育。

身体刺激——氦气球游戏

站在孩子的立场上想，都出生好几个月了还是只能看天花板和风铃，是不是太没劲了？这时，去派对用品商店买个氦气球吧！把气球线轻轻地系在孩子的手腕上，手一动气球就会跟着一起动。这样做可以刺激孩子意识到，自己的身体移动时可以影响到其他物体，孩子会因身体游戏受到鼓舞。

身体刺激——宇宙旅行游戏

爸爸们很擅长利用身体活动和空间感知能力的游戏，妈妈们很擅长用教学工具和积木等刺激认知能力的游戏。孩子越小越需要有爸爸参与的身体游戏。想看只会蹬腿的孩子走得更远，就把你的手贴在孩子的脚掌上。孩子躺着，手掌就像广阔的大地，一点点向上升，就好像向宇宙飞去一样。

刺激记忆力——反复游戏

孩子还不会读书，所以我为孩子准备了布料书、有苹果香气的书等各种刺激五感的书。经常把这些书拿出来给孩子看很好。每次看的时候都告诉孩子动物和水果等事物的名称，并把它们挂在墙上一周，让孩子不断看也是个好办法。视觉比听觉更能使人长期记忆事物，而视觉+听觉则比视觉更能使人长期记忆事物，自然形成长期记忆。这是提高后天智力的技巧。

刺激认知能力——了解情况游戏

对成年人来说，反复到来的季节只是日常生活，可对孩子来说，一切都是第一次，非常神奇。冲奶粉和去百货商店时也一样。从准备到到达目的地，孩子用声音问，父母用声音回答。比如，“今天去哪儿？”（孩子的声音）“去百货商店，咱们穿衣服吧。穿哪件衣服呢？”（父母的声音）“我要穿蓝色的条纹裤。”（孩子的声音）养育孩子期间，父母要有百倍娱乐精神。对孩子说话时，结合情况对孩子进行解释说明非常重要。仔细观察孩子的眼睛在看哪里，孩子在关注什么，把它们当作交流的素材。这种生活游戏是提高孩子认知能力的有效刺激剂。

刺激好奇心——有没有游戏

您肯定玩过用手掌遮住脸再打开说“啊呜”（一种逗孩子的声音。——编者注）的游戏吧？一说“啊呜”孩子就会发出笑声，孩子真是一种单纯的存在。利用这一点，玩“有没有”游戏吧！藏在窗帘、被子或者家具后面，然后再走出来。孩子到了2~3岁时，如果和父母分开的话，就会产生分离不安感，这个游戏可以预防这种不安感。体验过父母消失再出现的过程后，孩子会产生一种想法：“啊，妈妈只是暂时不见了，一会儿就会出现的！”孩子认为妈妈只是暂时离开，可以减少不安感。

刺激视觉——多种多样的表情游戏

如果说“有没有游戏”可以刺激好奇心，那么表情游戏可以刺激视觉和情感，使思维富有弹性。第一次用书挡脸，把书放下以后露出笑的表情；第二次给孩子做个鬼脸，再用书把脸遮起来，打开后做对眼等数千种面部表情。爸爸和妈妈经常活动面部肌肉有助于身体健康，而且既能让孩子开心，又能刺激孩子的视觉和情感，有助于孩子的大脑神经发育。